校对管窥录

李培勇 著

中原出版传媒集团
大地传媒

大象出版社
·郑州·

图书在版编目(CIP)数据

校对管窥录 / 李培勇著.— 郑州 : 大象出版社,
2017. 12
ISBN 978-7-5347-9461-2

Ⅰ. ①校… Ⅱ. ①李… Ⅲ. ①校对 Ⅳ. ①G232. 2

中国版本图书馆 CIP 数据核字(2017)第 192115 号

校对管窥录

JIAODUI GUANKUI LU

李培勇 著

出 版 人 王刘纯
责任编辑 石更新
责任校对 安德华
装帧设计 付锬锬

出版发行 大象出版社(郑州市开元路 16 号 邮政编码 450044)
发行科 0371-63863551 总编室 0371-65597936
网 址 www.daxiang.cn
印 刷 北京汇林印务有限公司
经 销 各地新华书店经销
开 本 787mm×1092mm 1/16
印 张 12.75
字 数 160 千字
版 次 2018 年 1 月第 1 版 2018 年 1 月第 1 次印刷
定 价 38.00 元

印厂地址 北京市大兴区黄村镇南六环磁各庄立交桥南 200 米(中轴路东侧)
邮政编码 102600 电话 010-61264834

目 录

第一章　校对职业综述

第一节　校对的职业特点

图书、期刊、报纸、音像制品等出版物在发行之前，合乎规范且科学的做法就是必须经过校对，才能保证其质量过硬，为广大受众提供精美的精神食粮。图书作为一种特殊的商品，有其无形却不可替代的价值，而校对为实现这种价值也付出了辛勤的劳动。无声无息的校对员，在与各种差错的较量中，实现着图书的价值，也实现着自身的价值。无论时代如何变换，无论各种出版物的花样如何翻新，无论校对的方式如何与时代协同更迭，校对作为一种职业，都是不可或缺的一环，并且都有其共性特点。故而本书虽然重点着墨于图书的校对，但对其他出版物的校对也可能会提供某些借鉴与启发。若果真如此，于笔者来讲就备感荣幸，于本书来讲就物超所值了。

图书校对属于出版行业中的专业岗位，这一属性有其深远的历史渊源。从“校勘”或“校雠”始，到目前的校对止，经历了相当漫长的历史演变。“校雠”的说法最早起始于西汉，而在这个时候，校对作为付梓前的关键环节，想必已经盛行多时。在我国正规的出版社或者民营图书公司，校对都在行使着自己的历史使命——纠错，而正是纠错为图书提供了强劲有力的质量保障。一些名人早已意识到了校对的重要性。列宁指出："最重要的出版条件是：保证校对得很好。做不到这一点，根本用不着出版。"鲁迅也认为："校对和创作的责任是一样重大的。"校对作为文化出版产业的把关者和清道夫，在新时期新背景下，更应厘清头绪，认清形势，最大限度消灭谬误，坚守出版阵营，为出版产业创造更大价值。

在出版业界内部，一涉及质量，谈得最多的是内容质量和编校质量。至于内容质量，是作者的创作或者编写，在接收稿件时其实已经对其有了全面的判断，正是这种判断才决定了稿件的取舍。在作品创作完毕后，内容已经成形，甚至说已经固化，故而即使作为出版单位审稿时的重点因素，图书内容也不会在编校过程中做大刀阔斧式的修改，而有的比较完善的稿件，其实一到编辑手中，便具备了付梓的基本条件。如果说内容质量是考查作者的学识与才华的话，那么编校质量就为广大编辑和校对人员提供了一展所长的广阔天地。

一、业界内外对校对不公允的看法

和编辑一样，校对人员也是为人做嫁衣的幕后英雄，但就笔者当前了解的情况来看，业界内外不同程度地对校对人员存在一些不太公允的看法，大致集中在以下三个方面：

第一，校对就是找错别字。这种说法倒也没错，但未免过于狭隘。找错别字只是校对诸多职能中的一个方面，一名称职的校对所肩负的职能，除了消灭错别字外还有消除知识差错、语法差错、逻辑差错、标点差错、数字用法差错、外文词大小写及拼写差错，改正在思想性、科学性、政治性等方面存在的不当表述，核对标题、书眉、人名、地名、年代、公式,检查版面、相关体例、图、表、字体、字号,等等。

第二,校对没什么难度,谁都可以胜任。任何一个行业都是难以穷尽的,都有无限拓展的空间,何况校对每天面对的是浩若烟海的精神产品。毫不夸张地说,即使一个博士级全才,也不可能将书稿中的一切差错全部揪出。抛开专业的眼光、职业的敏感不谈,单单知识的积累就不可能面面俱到。所以说,校对工作是有难度的,并非人人可干、人人能干。校对是需要具备多方面的素养的,丰富的知识储备是基础,对差错的敏感度和责任心是关键,认真、细心和对相关标准的把握是保障。三言两语难以涵盖校对的全部业务,而以上素养如果有所欠缺,那么势必会成为实际工作中的牵绊,致使在校对实操业务中困难重重。

第三,校对是简单的重复劳动,太死板,套标准,抠字眼儿,令人生厌。持这种观点的人不在少数。图书校对的必备素质之一是对工具书和相关国家标准的把握能力,正因为有据可依,校对才能提出切实可行的修改意见。校对不是作者,不具有创作的随意性;校对也不是编辑,没有润色加工的职责;校对是标准的执行者,对标准必须有无条件的执行力。校对抠字眼儿其实体现出一种难得的敬业精神。但毋庸讳言,一些校对有的时候的确过于死板,所以,规范与灵活并举,才是真正的校对之道。

二、校对的职业特性

虽然不能说持有以上几种观点的人存在偏见,但至少可以说他们不理解校对这个职业。校对作为基础岗位,并不是因为它简单,而是因为它为新入职人员提供宝贵的锻炼机会,是出版单位内部人才进阶提升的科学的必由之路。校对处于编辑之后、印制之前，不仅是编辑工作的有效延伸，而且是付印前的最后把关环节，如果没有校对的有效介入，出版物的质量是无法保证的。它有自己明显的职业特点。

1.伏案的连续性、持久性

众所周知，保证时间才能保证质量，时间是质量的一大决定性条件，而校对的有效时间毫无疑问是靠坐出来的。如果说学识是校对必备的内在素养，那么坐功就是与之紧密相连且同等重要的外在素质。需要我们明白的一点是，坐功可以修炼，可以后天养成，但与一个因素息息相关，即性格。伏案的持久性要求校对必须具备一个公认的前提，那就是稳重的性格。不难发现，从事校对之人，性格一般比较内敛，不苟言笑，持重少动，而这种性格恰恰与校对的职业诉求暗合。只有静下心来，才可能集中精力纠错；也只有耐得住寂寞，才能应对长期而浩繁的校对任务。

2.目的的专一性

发现错别字、标点差错、知识差错等谬误，是校对的终极目标，所以校对从业人员在阅读稿件时，要带着发现差错并揪出差错的目的来进行，才能迅速定位，有的放矢，从而逐个击破。因此无论是阅读式鉴赏还是鉴赏式阅读，都不是正常的校对状态，当然，校对人员可以把其作为一种理想的工作状态来追求。读者在阅读时，虽然也带着目的性，但其目的性与校对人员是截然不同的。读者阅读的过程是获取知识的过程，是对书中知识消化吸收的过程，其目的可能是消遣，可能是积累，也可能是完成某项研究，而对书中诸如错别字一类的差错，是没有专一的倾向性的。而校对人员则不同，他们没有这样的“特权”，他们在校对完一部稿件时，可能对稿件中的相关细节并不那么清晰，甚至无法忆起某些情节、段落、篇章，但对出现的各类差错却了然于胸，这并不表明校对人员在工作过程中只顾工作而不求甚解，而是其单纯而专一的目的性使然。正是这种高聚焦的目的性，成就了校对人员的专属职业特性。值得一提的是，尽管编辑的阅读也有目的性，但其并未体现专一的纠错宗旨，编辑的阅读是一种带有润饰色彩的加工性阅读。在阅读的目的性上，二者有明显的差异。

3.高度的敏感性

校对人员有一种超乎常人或者说异于常人的特质，就是对文字的高度敏感抑或对差错的高度敏感。这是实现纠错这个终极目标的先决条件，更是校对人员必备的业务技能。正是这种异于常人、高于常人的能力，才使校对之所以是校对而不是其他，如果不具备这种能力或者这种能力与常人无异，那么校对只能是泯然众人的普通人。当然，校对也是普通人，但他必须是带有较高敏感度的普通人。

熟练的校对都有一双别人难以复制的“火眼金睛”，他们总是大眼一扫即可直击差错，令谬误无处藏身，看似漫不经心，实则大有玄机。这种功力一般人难以企及，有的人没做几天校对便挖空心思找所谓的捷径、诀窍、技巧，结果不仅没找到捷径，反而白白浪费了时间和精力，因为在寻找的过程中，敏感度并未得到加强，反而会因过于关注方法而淡化或忽略了对敏感度的培养，这种舍本逐末式的做法，只会适得其反，丝毫提高不了校对水平。真正熟练的校对，真正经过锤炼的校对，不仅阅读速度超快，而且纠错十拿九稳，那目光高效扫描的速度，堪称一种深厚内力的自然流露。若一名校对对文字、符号等形成不了独特的敏感，那么在与差错博弈的战场上，无疑会因招架不住而败北。试想，敌我对阵，敌方力量雄厚，若我方装备落后，势力薄弱，岂不是处处被动挨打？可以把敏感度视为一种战斗神器，进可攻，退可守，杀敌于无形，自己却毫发无伤。而要铸就这样的神器，非一朝一夕之功，唯有积累、学习、提高，方可厚积薄发，从而所向披靡，无往而不胜。

4.敢于质疑的敬业性

在一个真正的专职校对眼里，不应该存在所谓的权威，因为一旦被权威所限，便会削弱或者丧失自身的合理性怀疑，从而使差错悄悄溜走。我们都明白，在查阅编校人员常用的《现代汉语词典》时，就会发现其中留存有不少谬误，如前后不一致问题、自相矛盾问题等。有人将该工具书的差错汇编成书（浙江语文教师杨新安敢于质疑《现代汉语词典》，并根据自己对该词典的解读，著成《〈现代汉语词典〉勘误与商榷》一书，被《现代汉语词典》第6版采纳意见366条），足见其中差错并非个例，也展现了杨新安老师超乎常人的独特眼光、综合素养与孜孜追求。这并不是说这本工具书本身瑕疵太多，无可取之处，而是想传递这样一种看法，即大家公认的权威依然是需要用怀疑的眼光来看待的，可以参考，但不要迷信，唯有批判地看待，方可形成质疑的思维，从而顺利揪出更深层次的谬误。像《现代汉语词典》这样的工具书也是在读者的不断质疑中、在编纂人员的不断修订中，才逐渐得以完善的。

5.知识的多元性、博杂性

纠错不仅需要精准地确定错误所在的位置，而且要清楚如何去纠错；而要明白如何纠错，就必须具备相应的知识储备，这就体现了校对的另一个突出特点——必须具备渊博的知识，即要有多元化的知识积累。如果你没有自然科学方面的积累，就可能不知道珠穆朗玛峰的最新海拔、太阳系的新成员；如果没有医疗科学方面的知识，就可能不清楚脑梗死、红细胞才是新的规范的专有名词;如果没有地理科学方面的知识存储,就可能不晓得襄樊已经更名为襄阳、万县改名为万州并作为重庆的一个区;等等。诸如此类,不一而足。各学科的知识都有所涉猎并能够做出基础性判断,是发现差错的必备要素,只有某一方面特长的校对人员,称不上合格的校对人员。在这里需要明确一点,某些比较专业的图书,比如外语类、古籍类、科技类图书,可能配备有相应专业的校对,但对于大多数出版单位来讲,其出版品类大都不是单一的,而是丰富多样的。因此,在一个综合型出版单位内,出于单位长效发展和机构合理搭配的考虑,跨学科的、综合型的校对就是必须培养的有生力量。综合型校对要求有广泛的视野、充实而丰盈的学识,过于专业的人员反而不太适合做校对(上文所述的专业图书校对除外)。比如一个研究生或者博士生,其学历不可谓不高,知识不可谓不丰富,但他们未必能够轻松胜任校对、做好校对,原因很简单,他们只是在主攻的专业领域内有所研究甚至建树,而校对需要的是对各学科都有所接触甚至有所了解的复杂的知识网络,这样的知识网络形成一个知识构架,支撑起校对的知识大厦,从而为校对纠错创造更为高效的运作平台。况且知识广博只是校对必备的一种素质,专业和广博素来就是两个不同的概念。做一个不太恰切的类比,一个经验老到的资深校对就如同金庸小说里的武林高手,须集多派武林绝学于一身,才得以笑傲江湖,被称为真正意义上的东方不败。

6.文字的计件性

我们知道,在工厂生产的流水线上,工人一般是以量来计酬的,单位时间内完成的件数乘以单价就是工人应得的劳动报酬。这既体现了按劳分配的原则性,也体现了多劳多得的公平性。与之相似的是,校对也要以量来计薪酬,所谓的件数就是字数,单价就是每千字对应的钱数,大多数出版单位都是按"底薪+超校费+平均绩效(或有或无)"的薪金模式来执行校对薪酬的。与流水线上的工人不同的是,校对的加工对象是文字、符号等精神产品,而工人加工的是零件、器具等物质产品。物质层面的量化比较容易做到,精神层面的量化就有点难以掌控了,若强加量化,势必比较牵强。而把文字量化得最严切的,恐怕非校对莫属,无论是纯文字书,或是图画书,或者是工具书,都有计算字数的标准,再与相应的系数相乘,就可得出校对应得的报酬。据笔者单位内部统计,每个校对的年工作量都在1000万字以上,最多者达1700万字以上,相当于每月完成140多万字,所以称校对是地球上看字最多的人并非无稽之谈。事实胜于雄辩,鲜活的数据也见证了校对的辛苦付出。校对目睹了无数作者的智慧结晶,也领略了多位编辑的加工润色,每一个字、每一个标点,都凝聚了校对的心血和汗水,而校对的薪资正是由这一个一个的方块字、符号或者外文词量化累加而成的。

字数的多少直接决定着校对收益的多少,字数虽然是固定的,但对校对来说,也会因超强度的付出而略有上浮,比如以下几种情形:要赶几年一遇的图书订货会,需要校对限时完成(如10万字的纯文字书稿,两天内赶出两个校次);适逢周末或者节假日,稿件付印在即;由于出版合同变更,或者突然要为某件突发事件出版一部图书;等等。面对这样的情形,校对除了加班加点,根本别无选择。这是关系到整个出书进度的关键时刻,校对一刻都不能放松,只能迎难而上,以高度的责任感与使命感来积极应对。而这些情形之下,往往会按加急来计算工作量。按照惯例,一般的加急稿在原有基础上加50%的字数;如果适逢国家法定节假日,则按2倍或者3倍的工作量计算。尽管在这样的敏感时间校对也需要休息,也需要放松身心,但校对为顾全大局而牺牲了自己的业余时间,若这种牺牲能在工作量上有所体现,也算一种人性化的关怀,多少会给经常需要加班或不得不加班的校对人员一丝宽慰。这一点,与生产第一线上的工人也有异曲同工之处。从根本上来讲,计件的性质并未改变。但从另一个角度来讲,正是这种多劳多得的相对公平性,才使校对这一职业呈现出令人欣慰的一面。

7.双重的协作性

之所以说校对具有双重的协作性,是因为这个岗位至少要体现两个方面的合作。

一方面是内部合作。我们都知道,一般出版物付印前都要经过三个校次(有的稿件根据实际情况还要增加校次),那么显而易见,一、二、三校之间就自然而然形成了一种合作关系。这种合作有一定的单向延伸性,下一个校次都是在上一个校次的基础上的再加工,对上一个校次既是一种监督,更是一种加强,不同校次之间是一种协作的关系。有的时候,管理者要把一份稿件分开校对,比如分给两个人,如果是一个校次,是两人共同完成该校次;如果是两个校次,二人完成各自的校次后进行交换,相当于同时进行一校次,同时进行下一校次。在这两种情况下,协作显得更为密切,人员配合更为默契,是一种水乳交融式的无缝衔接。在这样紧凑和无间的协作中,一人一半不仅加快了进度,而且便于体例等项目的统一,可谓一种更为高效的内部协作。

另一方面是外部合作。校对在与外部协作中,接触最频繁的莫过于编辑部门。在业务来往中,编辑与校对共同为书稿的顺利出版创造条件,编辑、校对及其他各部门共同构成了出版单位这一功能齐全的有机体,所谓“编、校、印、发一条龙”。与编辑部门的协作体现在平时工作的方方面面,如为一个问题商量解决办法、编辑对校对意见的处理、校对对编辑反馈的反应,都体现了二者的同志式合作关系。

在内外协作中,校对在属于自己的天地间辛勤耕耘,创造着应有的价值。

8.明显的被动性

稿件自进入校对环节始,至三校结束止,校对人员都是以被动接受的身份出现的。稿件进入校对流程后,校对人员便根据统筹部署进入井然有序的校对环节,但校对都是以编辑所发稿件为工作基础的。业界内部经常会出现编辑催促校对加快进度的情况,但校对催促编辑发稿的现象基本从未发生过。也正缘于此,校对带有不可避免的被动性。

9.最后的把关性

类似于产品出厂前的最后工序,校对也是图书付印前的最后一道关口。随着一、二、三校的推进,差错逐渐减少,图书在印制前也日臻完善。可想而知,没有校对过的稿件如果仓促成书流向市场,将会产生多么可怕的后果。就像没有经过检验就流向千家万户的电器,质量隐患可能无处不在,用户投诉也可能层出不穷。而图书质量较之更甚,因为,一个差错可能会让读者形成一生的错误认识而不自知。从小的方面来讲,质量差的图书会使出版单位和相关责任者的形象受损;从大的方面来讲,差错过多的图书,不仅不会对读者产生“读万卷书,行万里路”的有益影响,反而会对读者产生误导甚至毒害,其恶劣影响将无法估量,后果也不堪设想。

有人说,印前质检才是图书付印前的最后一道程序,那才是真正的把关所在。这种说法需要略加分析一下。与印前质检不同的是,校对对稿件的每个细节都要进行关注并且尽最大可能消灭差错,而印前质检由于人手、时限等因素,往往只抽检部分要件(如封面、扉页、书脊、版权页、附文等)或抽检图书的某些篇章,这样一来,未抽检的部分就有可能隐藏差错,从而导致质量隐患。即使全书抽检,也只是相当于“三校一读”里的“一读”。至于印后质检,纵然对图书的修订、重印、报送相关部门等大有裨益,但对于新版图书质量的整体保障来说,无异于事后诸葛亮了。

10.缺乏创造性

校对的纠错职能使校对对稿件加工的广度和深度受到限制,也就是在细枝末节的正误上有建议权,而在尺度较大的优劣上无修改权。在这种先天的限定之下,校对即使想有所创造也将因其要固守职责而缺少用武之地。小到文段表达,大到谋篇布局,似乎都与校对关系不大;倘若发现稿件瑕疵,也只能提出异议,完全不像编辑那样可以放开手脚去施展才华。舞台有限,自由度受控,戴着脚镣终究难以跳出华丽的舞步,创造性更是无从谈起。这样的状态尽管是职责限制所导致,但久而久之,校对人员的创造性很可能会渐渐衰退,对个人的发展会造成不可估量的负面影响。作为校对人员,要意识到这一点,即使不在纸面上显现,也要在心中形成一个具有惯性的创造性思维,从而保持一种比职业诉求略高且利于自身长远发展的活力。

除以上所述,校对还有诸如枯燥性、经常赶进度的紧张性、需耐得住寂寞等特点。校对这些职业特点,可能不为大多数人所知,但偶尔听闻有人问过这样的问题:校对算不算白领?尽管不能凭一人之好恶来评判,也不能对职业抱有层级观念,但阐释这样的问题,也会令不太了解校对的人对校对这个职业有一个相对全面的了解。我们不妨来探讨一下。

三、校对在职场的角色定位

白领的称谓由来已久,大致是对从事脑力劳动且有固定收入的职场人士的统称。而校对作为一种职业,其从业人员究竟算不算白领呢?姑且从以下几个方面来看。

1.从工作环境来看

校对对工作环境要求较高,稳定、安静是其最起码的要求。试想,在一个嘈杂、纷乱的环境下,校对将如何开展纠错工作?无论是校异同还是校是非,校对无一例外都需要伏案才能完成,而伏案工作需要安静条件的创设,才能使从业者真正进入工作状态,对校对来说,也就是可以专注地行使挑错的使命。我们常见的白领大都出入高档写字楼、高级办公楼,而在这样的场合里,安静、干净也是其应有的且固有的氛围。单从这一点来讲,校对与白领的特质有某些暗合之处,如果身着职业正装,与白领倒也并无二致。

2.从收入高低来看

成为白领的要素之一就是收入稳定,至于高不高,还得视其行业和岗位而定。校对大多存在于出版单位内部,单从内部来讲,校对的收入是处于中等偏下的水平的。而从整个出版行业来看,尽管校对一再追求与编辑的收益持平,但结果仍不尽如人意,校对在薪金待遇上与编辑仍相差甚远。摆在眼前的问题是,在讨论校对是不是白领的时候,我们首先要问一问:编辑是否称得上白领呢?如果答案是肯定的,那么校对是不是白领的问题似乎就不言自明了。若将目光跳出校对所在的行业,从整个地域的收入来排个次序,校对的收入也只是处于中低等,绝对称不上高收入,但也不能说是低收入。有人说,如果月薪低于当地一平方米的房价,那么收入就是偏低的,也就称不上所谓的白领一族。按这个论断来评判,校对的收入无疑和白领还有相当大的差距。校对的薪资尽管由超校费体现着按劳分配、多劳多得的原则,但其收入不高已是业界的共识。不过从稳定性来看,其收入没有大的起浮,堪称稳定。人们常说富贵险中求,既然校对如此稳定,谈不上冒险,那么占有不了太多的财富也就在情理之中了。

3.从劳动强度来看

白领给人的感觉都是衣着整洁、光鲜,职业范儿十足。这可能是他们工作轻松的自然反应,即他们生活得闲适、轻松,悠然自得的神情举手投足间溢于言表。西装笔挺,套裙时尚,这是白领男女给人的整体印象。一个从事体力劳动的工作者,一般是不会经常身着西装、衬衣,打着整洁的领带的。但这并不意味着脑力劳动就比较轻松。相反地,脑力劳动者面临的压力有时比体力劳动者要大得多,有时候,适当的体力劳动反而是脑力劳动者的一种奢侈性调剂。比如白领可能要面临巨大的指标压力、晋升压力、考评压力等,这些压力虽然无形,却无时无刻不在考验着广大白领的心理承受能力。有人说,无限光鲜的背后是无尽的沧桑,并非没有来由,这可能揭示了一个普遍存在的真理。校对除了完成每月的工作量外,还不时有加班的任务。由于图书的出版周期所限,这种加班赶稿的非常态日渐成为常态,伴随校对左右,夜以继日,昼夜不停。校对人员就像流水线上的工人,在手脑并用地忙碌着,直到稿子告一段落,方有喘息之机,但短暂的放松,只是为了迎接下一轮急稿的来临。如此的劳动强度,加上日复一日的重复,似乎都与白领的职业光环格格不入。

4.从人际交往来看

无论是男士还是女士，白领大多是交际场上的活跃分子，一个典型的代表便是秘书。女秘书除了协助领导完成日常工作外，还有一个特质，就是善于交际。她们出入各种场合而驾驭自如，和各色人等打交道而气定神闲，称得上是如鱼得水的交际花。一个不善于交际的秘书充其量只能称其为办公内勤。同样，作为职场精英的男白领，更是英气逼人，处处迸发出一种旺盛的生命力，也饱含一种冲劲和韧性，透露着睿智与敏锐。他们一般都有固定的交际圈，并且圈内都是阶层相当的人士，因为在这样的圈子里才有相互认同感。若论交际，校对可谓是“井底之蛙”。校对交往最多的，一是编辑部门，二是排版制作部门，而与这些部门之间的互动交流，只能称作正常的职业交往，根本称不上什么交际。也许你会认为交际圈的大小取决于个人，而不是取决于职业，这也是很有道理的，但单单从校对的职业来看，其交际圈狭窄是不争的事实：校对一般很少有出差的机会，因为对稿件纠错是不需要外出的；校对一般不需要与兄弟单位搞联谊，因为彼此都认为没有必要；校对一般不用主动去拓展业务，因为这个岗位都是被动接受稿件；等等。

5.从职业风险来看

校对因久坐和长时间用脑、用眼，会导致颈、肩、腰不同程度受损，神经衰弱、视力疲劳甚至眼疾等不良情况出现，并且随着校对时间的增长和校对视角的惯性，校对的眼界往往会在不知不觉中变窄。而白领面临的肥胖、血脂异常、慢性咽炎及脂肪肝等四大问题，也是校对可能面对的。除此之外，校对稿件时必须保证校对质量，并且无论任何一个校次都责无旁贷，一旦出现质量问题，校对和编辑一样，都是脱不了干系的。总之，白领潜在的职业风险，校对都可能“有幸”体验得到。人们常用“拿卖白菜的钱，操卖白粉的心”来戏称职责与收入、风险的严重不对等，这种说法虽然放在校对身上不太准确，但不能说是完全言过其实的。

以上的分析并不全面，但鉴于以上的逐条对比，对于“校对算不算白领”这个问题，答案就不言而喻了。

第二节　校对工作的必要性

校对能在众多的职业中独占一席之地，并且历经千年演变而不衰，其内核驱动力究竟是什么呢？欲弄清楚这个问题的答案，首先必须对校对存在的必要性有一个比较深入的了解。

先来看看因使用文字不慎而导致的各种后果，这种例子不胜枚举：

案例 1：

唐代大诗人孟浩然的《春晓》几乎家喻户晓，也成为华夏儿童的启蒙必备诗作，但他的另一首名作《岁暮归南山》恐怕熟知者不多，但其中有两句大概会有不少人略有耳闻：“不才明主弃，多病故人疏。”据史书记载，孟浩然曾被王维邀请至家，在那里碰上了当时的皇帝玄宗，玄宗考其诗才，孟浩然便以《岁暮归南山》呈玄宗，玄宗听出诗中有不仕之意，而将“不才”冠于“明主”之前，也隐含对当今圣上的否定之意，龙颜不悦，便弃而不用，终致孟浩然一生仕途不顺。今天看来，正是这种“瓜田李下”式的含蓄，带来了未曾料及的后果。

案例 2：

“乌台诗案”是历史上典型的案例，因涉及大文豪苏东坡而备受关注。苏东坡也因此案而仕途受挫，屡遭贬谪，最后郁郁而终。究其原因，就是因为苏在谢表中的一句话：“知其愚不适时，难以追陪新进；察其老不生事，或能牧养小民。”这句话中的“新进”二字被附从王安石的新进御史借题发挥，声称苏东坡包藏祸心，向皇帝告发，最终致使苏东坡的人生出现断崖下滑式转折。若苏东坡在遣词造句时多加留意，对某些别有用心的人有所提防，那么结果可能是另一番模样，他也不可能因此坠入人生的低谷。

案例 3：

清朝末年，太平天国兴起，欲与清廷分庭抗礼，太平天国一路所向披靡，占领许多州县，一支先头部队迅速到了某城外，并在该城外驻扎。这支先头部队的头领请求上级指令，以便开展下一步的军事行动。这个头领派去的小兵向上级请求指令时，上级正与人交谈，便随手写了一个字交与小兵回去复命。结果行动时，该城内火光四起，陷入一片火海。上级大为惊讶，大骂属下抗命不遵，声言要将其从严治罪。但等他看到自己所写的字时，顿时傻了眼，原来他把原打算写的“绕”字写成了“烧”字。一字之误，或者说一个偏旁之差，导致无数生灵灰飞烟灭，酿成了不可挽回的悲惨后果，实在可恨可叹！

……

此类实例比比皆是，历朝历代都层出不穷。有因一字之差贻误战机的，有因一字之差导致医疗事故的，有因一字之差损失财产的，有因一字之差遭撤职查办的，有因一字之差身陷囹圄的，更有因一字之差丧命的，比如明清时代的文字狱，令多少人魂断白纸黑字！一些影视作品中，字幕差错更是层出不穷，严重影响了观众的观感。需要特别指出的是，有一类差错，虽然仅仅是错别字，但引起轩然大波，就是把国家领导人的名字弄错（如把李瑞环的“环”误为“坏”、温家宝的“宝”误为“室”、习近平的“近”误为“进”等），相关责任人也受到了不同程度的处罚。诸如此类,都在不断地发生着,若不重视文字的正确使用,一幕幕类似的悲剧将会继续上演。

文字导致的悲剧与文字的多重含义有关,也与文字的构件有关,但更重要的是与文字的使用者有关。文字的使用者,或者称为驾驭者,其实与图书的作者属于同一范畴,即都是文化作品的创作者。在作者和图书成品之间,校对就显现出了其独特性和必要性,一个个教训令作者始料不及,也令旁观者扼腕叹息。在新闻出版广电总局连续几年(如图书质量专项年、保障年、提升年等活动)对图书的专项质检行动中,图书的整体合格率在九成左右,但在不合格的品种中,有的差错率达到万分之十以上,其中不少是错别字、拼音差错、标点差错等。此类差错,校对责无旁贷,所以校对尤其是这些差错率较高的不合格图书的校对参与者,更应增强责任感与使命感,力争将差错消灭在萌芽状态。据笔者十余年校对生涯的切身体验推断,出现质量问题的图书在校对环节可能存在以下纰漏:

1.未切实贯彻国家的相关制度

《图书质量保障体系》第十一条明确规定:“坚持责任校对制度和‘三校一读’制度。”条目下对责校的资格与三个校次都作了明确说明。而实际情况是:部分出版单位未按规定操作,让未取得出版职业中级资格者署名责任校对;因出版周期所限等因素,擅自减少校次;更有甚者,一些出版单位竟未设专职校对岗位,一直实行编校一体化运作等。国家的制度都是根据实际需要和实际情况制定的,有一定的指导意义和强制性。公然违背国家制度,一方面有违法之嫌,另一方面,也是对出版单位乃至整个出版产业不负责任的表现。

2.校对未尽职尽责

一些看似简单的差错(如虚词“的、地、得”使用不当等)竟然从三名不同的校对人员眼皮下溜走,实属不该。这些差错根本不需要多高的业务水平即可从容揪出,但实际情况是,一些不应出现的差错屡禁不绝,原因何在呢?大体来讲,还是校对人员责任感不强、专注度不高,后一个校次以为前一校次一定会消灭这样简单的差错,便不自觉间放松了警惕,一旦放松了警惕,自然容易忽略错误。若追究责任,每个校次的承担者都脱不了干系。我们应该清楚,校次不是简单的次数的累加,而是意味着质量的逐步提升。若三个校次都对差错“网开一面”,那么校次便没有分级和存在的必要了。部分校对人员责任感的弱化和缺失,最终导致了校对质量低下,从而使图书整体质量得不到保障。

3.校对自身能力所限

校对要面对的书稿包罗万象,有人文类的,也有自然地理类的;有文科的,也有理科的;有中文的,也有外文的。虽然说一个校对要尽量具备多方面的知识储备,但不可否认的是,每个校对都会有其擅长的领域,也会不可避免地存在短板。面对不太擅长或者无法把握的稿件又不得不进行校对时,问题就难免隐藏其中。勉强为之,可能只会发现一些浅表性差错,而对专业性差错会无能为力。对于这样的事实,作为专职校对,一定要有清醒的认识。校对一定要正视自身的不足,多角度、多方位增加知识的广度和深度。

4.客观因素制约

这里所谓的客观因素,统指非校对所能左右的不可抗力因素。如:稿件本身质量不高,在这样的情况下,编校质量再高也于事无补;稿件排到校对时,给校对的时间相当紧张,一到校对就被催着赶进度，而校对作为配合环节，只能被动接受；校对人员不是机器，因工作超负荷，或因身体条件不佳、情绪不良、状态不佳，工作效率会大打折扣；等等。需要明确的一点是，编辑与校对的合理力量比例应为 3 比 1，最低不能低于 5 比 1，但在出版单位内部，校对力量不足的情形屡有发生，校对力量不足，校对超负荷运行的状况就难以避免。在重重客观条件的限制下，校对人员对一些细微的、平时绝对一眼就可以消除的差错失去固有的敏锐度，从而使其无端遗漏。大多数校对人员或许都有同感，即校对到一定程度时，所有的字都一模一样、无甚差别了。

有一句话说得好："只为成功找方法，不为失败找借口。"当然，以上所列只是分析问题，而解决问题的前提就是透彻地分析原因，从而有效规避，合理调整，这里并无逃避责任和为校对开脱的意思。无论如何，校对作为图书质量的最后一道守护屏障，在光荣地履行着自己的使命，有其独特性、必要性和不可替代性。中肯地说，某些出版单位不设专职校对岗位、校对力量薄弱或者编校一体化趋势明显，都是极其危险的短视行为。

第三节　校对的职业优劣势探析

通过前面两节，我们已经对校对这个职业有了大概的了解，对其存在的必要性也有了某种程度的认同感。其实就校对这个职业本身来讲，也会给从业者带来实实在在的益处，校对有其明显的职业优势。

1.磨炼心性

甫入职场或刚入社会,难免眼高手低,心浮气躁,这是毕业生的通病,也是其常态。校对需要长期伏案纠错,耐心、细心、责任心缺一不可,经过这样的修炼、打磨,及至心稳气顺,心智将更为稳健、成熟,从而为将来人生或职场的成功打下良好的基础,创造更好的契机。而从其他职业转向校对的人,则更会体验到工作之不易、自食其力之艰辛,在磨炼中,对职业选择和职业规划等,都将形成一个与此前大不相同的认知。

2.增长见闻

在电子稿日益普遍的今天,校对的功能不再局限于校异同,或者说校对已经跳出了校异同的时代。正因为如此,校对人员才得以去读没机会或者不愿意去读的书,在阅读的过程中,知识在潜移默化中得以积累,得以丰富。比如,你比较喜欢看小说,陶醉于其情节,但手头的稿件是人文、社科类稿子或者科技类稿子,在不得已的情况下,你猛然发现,原来在其他领域也有那么丰富多彩的天地。日久天长,你将有意想不到的收获,从而融会贯通,博采众长,集各学科知识于一身,也许不知不觉间,你已经在逐步向专家学者的级别迈进。而这一切,都是在无形中形成的,也是其他职业所不具备的既有优势所在。

3.双重稳定

对一个国家来讲,稳定是发展的前提,如果社会不稳定,发展就是痴人说梦;对个人来讲,稳定也是绝大多数人追求的生活或者工作状态。总之,稳定压倒一切。这里强调的稳定主要包括活源即稿件的稳定和日常收益的稳定,而这两项稳定,构成了校对日常的工作状态。也许有人会说,富贵险中求,校对只是埋头看稿子,不仅枯燥,收入也不高,更没什么前途可言。不可否认,这种说法具有一定的合理性,但冒险求富的方式未必适合每一个人,对于喜欢安静、喜欢稳定、对财富并无狂热的占有欲的人来说尤其如此。至于前途,那就另当别论,因为人每走一步都是成长,校对可能是你成功路上的阶段性尝试和成果,将来转化为多少资质和财富均未可知。此外,校对职业虽然称不上所谓的高端、大气、上档次,但其稳定性是绝对有保障的,这也是不少人愿意并乐于从事校对这一职业的一大缘由。

4.干扰较少

追求清静是现代人的普遍夙愿,而校对无疑提供了这样的机会。校对的工作就是校对稿件,除此之外,似乎无须关注太多。校对人员保证所担校次的质量,达到较高的灭错率,就是对自己、对他人的最好交代,他的工作能力集中地表现在他看过的书稿上。纯粹的工作,自然避免了诸多纷扰,校对在喧嚣中可独获一份清静。而这种别人难以企及或者说梦寐以求的环境和氛围,恰恰是校对最起码的工作条件。这种条件会始终伴随校对左右,在嘈杂的现实世界中实属难得。在这样的环境中,校对人员凭实力说话,用智慧自立,自然也远离那些尔虞我诈的钩心斗角,也规避了职场内斗带来的自我耗损,相对来说,校对倒拥有一种理想的在职状态。

在认清校对职业优势的同时,我们也应该清醒地意识到校对职业的劣势所在。校对的劣势也是相当明显的,并且随着时间的推移,这种劣势会愈加凸显。

首先,校对的工作环境相对封闭,容易与外界脱节。校对的专一性与纯粹性,使校对从业人员与外界接触不多,甚至可以说不怎么接触。“两耳不闻窗外事,一心埋头看稿子”是校对一贯的状态,这也导致了校对的闭目塞听,甚至与世隔绝。在桃源般纯净无污染的天地间,虽少了纷扰,却有"无论魏晋"之忧,令校对在享受清静环境的同时,不得不防范自己与社会脱节的种种可能。

其次,校对工作基本处于被动地位,毫无自主权可言。编辑部的稿件自送到校对始,到从校对返回编辑止,校对只是承接稿件进行纠错工作,是被动接受稿件,也就是说,校对主动索要稿件的情况一般是不会发生的。校对作为一个服务性、辅助性角色,无法左右其他环节,唯有迎来送往,并保质保量按时完成工作。

再次,久坐易致病,长此以往健康堪忧。久坐的危害众所周知,尤其是一种姿势久坐,更有折寿风险,这不是危言耸听,而是经过无数鲜活实例验证的。颈、肩、腰易受损,视力易下降,机体免疫力减退等,这些职业风险将随着时间的延长而加重。所以不少企业已经购置立式办公桌来避免久坐,想必可以减少这样的潜在隐患。

最后,校对人员容易形成爱较真的习惯,并且把这种习惯移植到生活中。别人读错一个音、用错一个词,作为校对,都会自然地、不自觉地用意念将其纠正,并因此会对当事人产生一些可能不太公正的看法(如一个教授读错一个字音,会觉得他与教授的地位极不相称等)。如在日常生活或者交流当中,将"别墅"的"墅"误读为"野",将"龟裂"的"龟"误读为"乌龟"的"龟",将"阴霾"的"霾"误读为"狸"等。听到这些,校对在潜意识中会觉得非常刺耳,并伴随有纠错的冲动。这种老学究式的形象其实是职业病的更深层次表现,难免会引起别人的反感甚至厌恶。

职业的优势和劣势都是相对而言的,并不是一成不变的,在一定条件下,优势与劣势会相互转化,对于校对同样如此。比如,稳定太久难免懈怠,干扰太少显得难以合群,而封闭太久恰好可以潜心钻研,被动成为习惯则可以形成强大的执行力,爱较真可以为搞研究夯实根基等。

第四节 校对的现状

前面浅析了校对的职业特点、校对存在的必要性和职业优劣势,想必我们对校对这个职业已经有了一个感性的或者是大体的认识。对真正要做好校对,或者说要致力于校对工作的专职校对员来说,白领只是一个外在的称呼,我们可以不必过多关注。我们不标榜自己作为文化传承者的高尚,也不必因是不是白领而自寻烦恼,因为那都是外在的东西,真正追求内在修养的人,是不会对这些琐事挂心的。尽管校对的地位和身份还有待商榷,但校对的重要性是有目共睹的,其在出版业中的关键性和必要性也是毋庸置疑的。然而不可否认的是,虽然校对比较重要,但在业界内部校对的现状并不乐观,校对这个岗位还处在一个相当尴尬的境地,具体表现在以下几个方面:

1.校对有被边缘化倾向,在新的历史时期,校对也在悄悄进行着角色转换

与未设专门校对岗位的出版单位相比,有的出版单位内部虽然设有专职校对室,体现了其对校对的重视,但只是作为一个工作室而非部室或者部门,大多数隶属于总编室或与质检室合而为一作为合成部门的一部分。这样的机构设置,在一定程度上削弱了校对与其他接触得较多的部门(如编辑部、排版制作部等)的平等对话权,相应地,其发出的呼声自然得不到通畅传达,自然而然,薪金也会顺势降低。作为技术岗、专业岗,校对也是冲在业务前沿的

一线人员,但在多数出版单位中其级别相当低下,也就是说,如果按岗位级别来定校对的薪金,校对是无任何优势可言的。内部级别决定工资档,工资档决定收入基数,校对的低级别也为低收入制造了一个无法回避的原因。所以,单单从级别来讲,校对无疑没有站在核心阵营,而有被边缘化的倾向,似乎不是正规的嫡系部队,而是拼凑起来的地方武装。

图书作为一种有价值的商品,自然要追求一定的经济效益,而正是这种经济因素的驱动,才使得文字编辑正在悄悄地转型,向策划编辑的方向迈进着。一个好的点子、一个契合受众阅读品位的策划,在符合相关规范的前提下,都可能带来巨大的经济效益,而这个指标,正是考核编辑的主要内容。所以,一种趋势日渐显露出来:文字编辑有意无意地转向策划编辑,而文字编辑伏案的机会便相应减少。鉴于策划与文编实在是鱼与熊掌不可兼得的关系,文字编辑向策划编辑转型便只是时间问题,似乎纯粹的文字编辑已经有淡出历史舞台的可能。在这样的趋势下,文字编辑就有了空缺,而校对作为伏案工作者,顺势补上这个缺位就在情理之中,并且校对对文字的关注度、对文字的掌控能力也未必在文字编辑之下。这就如同一个队列,前面走出一个成员,后面就补上一个成员,从而形成队列的完整性与协调感。文字编辑向策划编辑转型,校对向文字编辑过渡,这两种趋势都印证了一个道理:时代的需要才是个人发展的原动力。

2.计件工资体现了多劳多得的分配原则,但校对总体的任务较重,收入偏低,且以字数计酬也存在不合理因素

按业界的计酬标准,校对的报酬为每千字1.5~2元,若均按2元每千字计算,校对需要完成100万字才有2000元的收入,而这还没有考虑每月出版单位规定的校对必须完成的任务量。以任务量50万字计算,要拿到2000元报酬,必须校够150万字。这些收入可能还达不到或者刚刚越过某些大城市的最低月收入水平线。与之相应,且看出版链条中与校对可以相提并论的那些人员的收入:一名普通的作者稿酬一般最低为80元每千字,是校对的40倍(有些知名作者或者作家的稿酬就更不消说);而一名编辑的报酬最低为5元每千字,是校对的2.5倍。至于其他环节的薪金,因为没有可比性,姑且不作对比。

在这样的背景下,校对实施的是基本工资加计件工资的薪资标准。对校对来说,以量计酬可能是无可非议的,但细究就会发现其中的不合理之处。在实体行业(如零件、玩具等制造、组装环节)中以量计酬的方式被广泛采用,但对以字符(汉字、数字、外文等)为"加工"对象的校对而言,其不合理性还是显而易见的。

第一,量化困难。尽管每份稿件都有字数计算标准,但在对校对人员纠错多少和优劣的考量上存在着量化困难的现实情况。一份稿件分三个校次进行纠错,要想把每个校次的差错都一一计数并区分难易度,显然是难以实现的。在实际的工作当中,此举无疑会延长稿件周转周期,且对差错的高下评判也难以敲定。简言之,很难对字数、纠错数、纠错率做到真正的、合理的量化。

第二,难易不均。三个校次不可或缺,后续的一个校次都是对前一校次的查漏补遗,故而前一校次的纠错情况直接影响或者决定后续校次的难度与质量。一般来说,一、二校已经消灭的差错占较大比重,但因不署责任校对,他们担责较轻,其压力相对可控;终校尽管有署名压力,但其面临的无疑是质量相对较高的稿件。故而在难和易的评价上,并不能厚此而薄彼。应形成这样的认识:每一个校次都非常重要,难与易都是相对而言的,并不会平均分布在各个校次中。

第三,高下难断。每一个校次都以尽可能消灭差错为终极目标,故而各个校次也都会尽力纠错。但是,一方面,每个人都会有知识盲点,不可能谙熟所有知识点,总有把握不准和不熟悉的盲区;另一方面,智者千虑,必有一失,即使该校次已经发现并纠正绝大多数差错,也会多多少少有所遗漏,有时遗漏的差错还相当典型。据此判定每个校次的优劣高下就显得极不合理,而一些出版单位采取以纠错多少来奖惩各校次的做法也显得不够科学。

3.校对出路受限，晋升渠道狭窄

校对工作比较纯粹单一,也正因纯粹单一而显得相对专业,只需要对所担校次认真负责即可。但与此同时,其视野、视角很可能囿于一个固定的范围或角度,长此以往,便形成一种惰性中的惯性,使校对丧失进取热情。就像温水煮青蛙一样,处于一种被麻痹的安乐状态,渐渐就被自我限定在了校对的小圈子内,走不出去,也不愿走出去,因而前程日显黯淡。尽管每个人的出路与前途由自己来决定,但校对这个职业本身的局限还是相当明显的,由于校对只关注差错,只去纠正差错,反而忽略了自身也需要发展这个关键问题。而若真正沉下心来去考虑出路的时候,恐怕校对的心思会不自觉地转向他处。作为一个专职校对不应该思想浮躁,情绪不稳,但对一个人的全面发展或者健康成长来说,若不考虑自己的出路或前途也未免过于残忍。

在一个出版单位内部,除亟待完善的人才培养机制之外,为校对提供的晋升平台也极其匮乏,即使是有多年经验的校对,也可能终究只是个校对。与晋升相对应的,是评出版专业职称,校对评职称的难度要远超过编辑。这一点尽管各地区有差异,但已经在业界形成普遍共识。

4.校对人才流失严重

一个职业,或者一份工作,有三点是择业者必须考虑的问题:一是个人能力、兴趣;二是薪金待遇;三是上升空间。经过以上大致介绍,校对的薪金待遇偏低已是事实,而上升空间又相当有限,所以即使从业者对校对工作抱有再大的兴趣,日久天长,这种兴趣也可能因种种的不如意而渐渐被消耗殆尽。尽管每人的追求不同,但当这个职业给你带来的远非你所想象的回报时,你自然就会热情锐减,萌生去意。对于一个有想法的人或者一个有着一定职业诉求的人来说,既然校对收入低,前途又渺茫,已非久留之地,那么,长此以往,校对人才自然会渐渐流失。

在人才培养机制比较健全的出版单位内部,但凡进入编辑部门的新编辑,都要经过校对这一关的锤炼,从而打磨好基本功。在这样的情况下,他只是把校对当作跳板,或者培训基地,培养成熟之后,他会脱离校对,转向其他岗位,校对的整体实力并没有因此提升。

不可否认,尽管有些出版单位并未真正意识到校对的重要性,但校对对于保证出版物质量的独特功能在业界已经有口皆碑,然而校对的尴尬处境并未消除,只有当编校质量出问题时,相关人员才意识到:校对是怎么干的,竟然漏掉这么多差错?但没有人会去检讨校对的工作量、劳动强度和收入水平是多么的不匹配,与当前的消费水平是多么的不相称。在笔者寻找外校资源的过程中,一名专职校对员曾这样说:“一万字才十几块,还耗精费神,我即使是站在街头发传单,什么心也不用操,一小时挣的也比这个多。”一方面称其重要,一方面又不给予足够重视与回报。而大多数校对人员正是在这样的情境中默默地挥洒着汗水,奉献着智慧,忍受着寂寞,承担着风险。

5.校对整体缺乏活力

一个人只有充满活力才会有更强的创造力,一个团队只有充满活力才能形成巨大的合力,而在校对过于平静的背后,是活力的严重缺乏。活力与个性有关,但表现在校对这个职业中,似乎成为一种通病:活力不足。不可否认的是,校对室里充盈的只是埋头伏案的身姿,而匮乏因讨论问题而争论不休的劲头。尽管办公室伏案工作需要清静,但过于清静则难免死寂,长此以往,不仅培养不出新的活力和朝气,甚至连现有的活力也被逐渐蚕食,直至消耗殆尽。安静虽是职业特点,但作为校对还是应具备昂扬的斗志和饱满的热情,更需要具有一种为某个问题辩论的气势,这是校对所欠缺的,应当弥补。

6.校对辅助软件的介入度增大,使校对面临挑战;而电子稿件的数量不断增加,也为校对埋下健康隐患

校对能手、编辑助手、黑马等文字校对辅助软件不断问世,其中以黑马校对软件的表现最为出色,为大多数出版单位所采用。黑马校对软件校对一部10万字的书稿,可以在半小时内得出校对意见;而一个校对人员,正常情况下需要2~3天,若稿件难度较大,时间会更长。校对软件以其高效率和便捷性,在一定程度上的确具有不可估量的辅助性,堪称提升编校质量的得力帮手,成为许多出版单位必备的内部工具。不少编辑认为校对软件有种种优势,功能强大,似乎可以将校对人员取而代之,从而使校对这一岗位受到不公看待,而随着校对软件的不断更新换代、升级完善,这种趋势将更加明显。当校对力量根本无力完成正常的校对任务时,黑马将凸显其无与伦比的强大功用。尽管对于熟稔校对实务者来讲这是一种误解,但这种看法在业界内部尚有其存在的土壤。从这一角度来讲,校对从业者将面临被替代的危机。然而也不必为此过分恐慌，短时期内这种危机出现的可能性不大。校对是智能软件的操控者与竞争者，他们独立存在，互为补充，合力将差错降至最低限度，在此过程中，校对具有主动性和胜出一筹的鉴别力，是当前任何一个软件所无法比拟的。

与此同时，电子稿件也随着时代的发展而不断涌现，使校对的加工对象发生质的变化，盯屏则成为校对日常工作的主要手段和工作方式。长期面对纸质稿件伤眼已成共识，面对电子屏幕，对视力的损伤就更为严重。虽有多种技术手段来预防久盯屏幕对人眼的伤害，但这种职业风险还是无法估量的，对视力的影响，对颈椎、腰椎的潜在损伤，都将伴随校对职业终生，在新的历史时期，这种损伤将较以往更甚。有资料显示，人们每天坐着不动的时间若超过 3 个小时，将会减少 2 年的预期寿命。

7.校对面临信息时代节奏快、多媒体频繁更新的严峻考验

五大媒体（电视、广播、互联网、报纸、杂志）中，以互联网发展最快，其信息的更新速度、交互式的受众体验等优势为其他几种媒体所不及，而校对身处这样的背景之下，也将面临诸多问题。

首先，与信息的快节奏更迭相对应的，是校对逐字逐句阅读的职业特性，而高低快慢的鲜明对比，使校对平添跟不上时代、与时代脱节的挫败感。

其次，风行于各大媒体的富豪榜、财富榜、致富传奇等，可以促使人奋进拼搏，但在无形之中，也会让人萌生能力不如人的潜意识，而校对作为收入不高的群体，更难免会有相形见绌的羞愧感。

再次，伴随信息化的高速发展，纸质媒介的阅读者锐减，而互联网的海量信息、花样翻新的手机应用、手机客户端的快速更新，使校对与普通大众一样，不断产生难以专注的浮躁感。

最后，博客、微博、微信等自媒体接连兴起，各种网店也随之兴盛，其低门槛、低投入的盈利模式，使绝大多数人创业成为可能，而其收益的可观、操控的便捷，无疑对校对这一以件计酬且薪资不高的职业产生不小的冲击。

8.校对缺乏运动、疏于交流，致使人际交往日趋僵化

校对需要静坐、心无旁骛、精力高度集中，方可高质量纠错，而职业的这一要求使校对的运动机会和运动量减少，肃静的工作环境也令其不得不疏于交流。尽管业余时间、工作之外，运动和交流会有适当弥补，且调节情况因人而异，但其先天的职业特质决定了校对在运动和交流方面的劣势和短板。

适合做校对或者乐于做校对的人，性格一般内向，且中规中矩，正缘于此，他才可长时间静坐，静坐以勘误，其耐心、细心和责任心才可在此基础上得到强化。本就内向，加之所处环境中交流匮乏，长此以往，可能导致人际关系僵化，对校对自身的全面发展极为不利。

综上所述，校对这一自古都有并且独立的职业有其自身的特点，并随着时间的推移在发生着或多或少的变化。而无论角色如何变化，其职业使命都是坚定不移的，那就是找出差错，并纠正差错。在当今的时代背景下，校对的功能是否也与时俱进了呢？

第二章　校对的功能转换

第一节　校对功能转换的有关问题

一、校对功能转换的诱因

校对的终极使命是纠错，只是不同的历史时期表现的形式不同而已，校对的主要功能从校异同转为校是非，标志着校对进入了新的时代。校对主要功能的转换最直接的原因是作者创作的方式产生了变化，产生这种变化的最根本的原因是科学技术的进步。

过去，作者进行创作是利用笔和纸的组合。毛笔和纸的时代已在中国持续了千年，而利用钢笔和纸的组合也有一百多年的历史。作者在写作时，才思倾注于笔端，笔墨流淌于纸张，从而创作出流传于世的皇皇巨著和不朽名篇。一部长篇小说，手稿可能堆积如山。著名学者钱钟书遗留下的各种中外文笔记手稿有七万余页，整理之后达几麻袋之多。这充分表明钱老治学态度之严谨、学识之宏富。而如今，一个小小的 U 盘就可以装下上千部小说，容量惊人的移动硬盘，本身就是一座图书馆。可以毫不夸张地说，人类所有的图文形式的文明成果，都可以以数字形式存储起来，而其存储处,只是硬盘、网盘或者即插即用的设备罢了。如果钱老看到今日之科技成果,定会惊愕不已,叹为观止,直呼不可思议。

过去的纸和笔变为了今日的屏幕和键盘,过去爬格子的人变为了今日的敲击手,相应地,过去白纸黑字的作品也变成了各种类型的电子文档,而其中唯一没有变化的,可能就是人的思维、人的思想和人的智慧。有的作者一接触键盘,灵感便如天马行空般飞驰;而有的作者,唯有拿起笔在纸上创作时才会文思泉涌。这也可以说明一点,在当今时代,手写稿件如同国宝大熊猫一般罕见地与电子稿件并行于世。

大多数作者将智慧的结晶敲击凝聚成为电子文档,这些电子文档便成为编辑和校对的工作对象。编辑在初审时,可能出于节约成本的考虑,也可能出于便于加工的思量,或者作者的电子文档内文、版式等过于混乱而不便打印,一般不会将作者发送的电子文档打印出来形成最初的原稿,而是直接对打开的文档进行编辑加工,而一些文字编辑软件的相应功能也为编辑加工提供了便利,如 Word 中的审阅功能、Adobe 中的注释和标记功能等,不仅使编辑的加工留下痕迹,而且使编辑的润饰更直观地呈现在作者的稿件上,真正做到完全兼容且浑然一体。

借助科技的春风,电子文档在作者一双巧手的敲击下不断涌现,一篇篇美文、一部部著作也应运而生。与之对应的是,校对的功能也悄悄发生了变化:校异同转向校是非,折校可能永远成为历史。

二、校对功能转换的具体表现与利弊分析

对于校对的功能转换,说得最多的就是校异同转向校是非,这是新的历史条件下校对这个职业自身的适应性反应,具体表现为:

原稿已然消失,校对人员直接签收即为一校样,不需要折校这种最直接、最原始的校对方法,与之相应的是,校对从一校开始直接进入读校的环节,即开始通读纠错。此种转换,等于把折校时校对人员需要付出的时间和精力转移到了校是非上,整体上来讲,似乎校对的付出并未增加,工作量并无变化,甚至有减少嫌疑,但深究起来,校对的压力毫无疑问是加重了。众所周知,比校原稿不需要花费太多的心思,只需要比对一致,而校是非对错时,是需要一一查证核实的。单从这一层面来讲,校对的压力便陡然增加。像任何事物都有两面性一样,校对的这一功能性转换也是利弊并存、好坏共生的。

校对功能转换的益处有以下几个方面:

1.功能的转换,使校对从比校原稿中解放出来,避免在比校原稿一环中浪费时间和精力,从而使校对有足够的专注度来集中精力纠错

在有原稿的情况下,比校原稿当然是重要一环,需要把作者的创作无一遗漏地"复制"到校样上,这个过程尽管关键,但并未体现出校对的纠错功能,只是一种细心的比校,谈不上任何的加工,所以校对的劳动显得机械呆滞,似乎彰显不出更大的价值。而一旦开启校是非模式,其用武之地便相当开阔。

2.功能的转换,可以避免校对因比校原稿而产生的枯燥感,增强校对与职业的亲近度

校对这个职业之所以枯燥,根本原因是没有创新,而一字一标点的校对比原稿更使创新踪迹全无,故而从比校原稿中解脱出来的校对,难免会如释重负,枯燥感也相应降低,换句话说,就是功能的转换给校对增添了几分生气,而不至于呆板僵化和死气沉沉。

3.功能的转换，使校对这个岗位变得更为专业

只会校异同的校对，即使能够保证折校的零差错率，也难以称为一个优秀的校对，况且，这样比校的工作几乎人人可为，并未呈现出校对的过人之处。但校是非就截然不同了。这种功能非常人所具有，而前文所陈的职业特点也非一般人所具备，所以自从校是非成为校对的主要功能后，校对的专职和专业身份得到了本质性的加强。一个校对要得到肯定与认可，业界的共识绝对是因为其纠错即校是非的能力出类拔萃，而不是其比校原稿的水平高人一筹。这种共识，其实从另一侧面承认了校对功能转换给校对带来的专业化身份和地位。

在意识到功能转换给校对带来益处的同时，也应该看到与之俱来的弊端：

从时间和外在表象来看，校对似乎“捡了便宜”，因为校对可以从容地抛开原稿，从而在校样上一展所长，但若寻根究底从实质上来看，校对的劳动强度不降反升。

造成如此局面的原因很简单：折校时，校对只需要对原稿负责，就是要确保原稿与校样的绝对一致性，可以说，在比原稿的过程中，不用思索或者稍加思索，工作就可以快速进行，即使偶尔纠错，也并非主要职能，更不需要为某个疑点而多费周折四方查证。但功能转为校是非后，每个细微的差错都将是校对的分内之责，包括修改错别字、错误标点、用法不合适的词句、语法和修辞上的毛病、逻辑差错、知识差错等在内的诸多错误。在勤查、慎改中，校对花费的心血远在比校原稿之上，而在查找资料、核对资料、提出修改意见的过程中，其劳动量便不知不觉增加，其劳动强度也顺势加大。只比校一致性与核对是非对错，其分量孰轻孰重，不言自明。

正是因为校对的工作重点转移到了校是非对错上，故而校对对稿件的介入度大大加深。

我们知道,文字编辑的一大职能即为润饰加工,纠错改谬。一部稿件的差错是有限的,校对也担负着校是非的功能,这无疑为部分文字编辑的消极懈怠提供了空间与可能(只是一种可能,绝不带任何感情色彩)。前文已经描述过业界的两大趋势,即文字编辑向策划编辑转移,校对向文字编辑转移。在两大转移中,校对的身份虽然没有改变,但其业务范围在拓展,肩上的担子在加重;同理,由于文字编辑向策划编辑转型,其部分工作(如润饰、纠错等)就会不自觉地转移给校对。也就是说,两种转移的情形之下,校对都在原有基础上平添了许多担当。校对纠错,如一个地名、人名中的用字差错,该由谁来负责?这种差错,算知识性差错或错别字皆可,给人一种可人为操控的弹性尺度。而在职责的划分上,似乎编辑和校对皆责无旁贷,亦可以袖手旁观(只以职责论,不以态度论)。若校对消除了上述差错,并且在用词不当、表述不通等诸多方面略施笔墨,就俨然成为一位文字编辑了。难怪有人坦言:策划编辑加优秀的校对,就可以完美出书。当然,在当前形势下,这不符合相关制度法规。此外,作者的行文风格、表述习惯都自成一家时,文字编辑的弱化程度将更为明显,也更突显了校对的校是非功能,责任校对取代文字编辑也并非无稽之谈。故而在业界内部,优秀的专职校对十分抢手,而文字编辑则相对过剩,不那么受追捧。专职校对人员的稀缺和文字编辑功能的弱化,由此可见一斑。

由上面的分析不难看出,校对的功能转换虽然是利大于弊的,但整体上校对的责任和担当已经远超从前,这是时代所促成,更是出版业内部需求所造就。

第二节　编辑与校对的区别

校对的功能转换使校对有意无意地在做着文字编辑的工作，但二者应当有也必须有所区别。编辑尤其是文字编辑和校对各自的功能转移有其特定的背景和诱因，二者的职能都在向着纵深方向转移。毫无疑问，二者的职能在各自的转移中并非平行的，而是有交叉重叠的，在一定的历史时期内甚至可能会出现“你中有我，我中有你”的交融现象。姑且不论这种现象和趋势会在彼此的发展历程中扮演什么角色，起到什么作用，有一个问题想必是编辑和校对都想弄明白的：编辑（这里特指文字编辑）与校对的区别到底有哪些呢？

编辑与校对分工明确，在整个出版过程中相互独立又互相依存，关系自然密不可分。在实际的工作当中，两者的职能尽管有所交叉，但依然要泾渭分明，才能各有侧重地对稿件作各具擅长性的把握，从而保证整个出版物的编校质量。出版物的质量包括内容质量、编校质量、装帧设计质量、印制质量和环保质量五个方面（其中环保质量为近年来最新提出，已越来越引起重视）。这五大方面一损俱损，一项不合格即被判定为整体质量不合格。而编校质量为其中最容易出现问题的环节，编校质量即编辑质量和校对质量，足见二者的亲密程度非同一般。编辑与校对似乎是一对形影不离的挚友，共同为内容拾遗补阙，终使出版物锦上添花。有人用一句诗来形容编辑的幕后工作——“为他人作嫁衣裳”，形象、生动又不失无言的艰辛。而校对作为幕后的幕后，默默地奉献着，为这件

"嫁衣裳"添上美丽的纹饰,使其更为光彩照人。而编辑与校对的区别究竟有哪些呢?可以从以下几个方面作一简单概括。

1.二者的职责范围不同

众所周知,编辑大致可分为三种,即策划编辑、文字编辑与美术编辑三种类型。且不论三种编辑各有分工,单单从编辑这个职业来讲,就包括从选题策划、组稿到加工整理等各个环节,并且随着经济指标的考核,编辑也担负着营销策划的部分职能,所以,编辑工作是整个出版工作的核心部分,这一理念为业界所公认。在编、校、印、发一条龙式的出版链条中,编辑无疑排在最前面。校对则不同,尽管国家相关法规规定,每本书稿都要经过三个校次,但校对只需要针对校样进行全面的纠错工作,校对的纠错工作与编辑的相关工作相比范围略窄。但校对纠错本身所涵盖的方方面面却十分广泛。单纯从错误的类型来讲就多种多样,大致包括错别字、语法错误、知识错误、逻辑错误、标点错误、数字用法错误、版式错误等,并且每一种类型的错误都千变万化,像一个几何级数一样,在无限拓展与延伸。而随着时代的发展,作者的创作方式也发生了变化,手写稿件趋于式微,电脑打字成为绝大多数作者青睐的创作方式,电子稿件便应运而生。与之对应的是,校对的校异同功能(即比校原稿功能)渐渐被淡化,校是非功能(即纠错功能)慢慢被强化,从而使本来相对容易的工作无形中增加了难度,而纠错范围的扩大正是校是非功能的直接反映。正因为如此,校对才有更新知识和继续存在的必要性。

单就文字编辑和校对来说,文字编辑应当对稿件进行润色工作,而校对则应当对编辑过的稿件进行纠错工作。也就是说,二者对稿件的参与度或者说切入点不同,编辑对稿件是创造润饰型加工,而校对对稿件则是勘误纠谬型加工。打一个简单的比方,如果说编辑是为作者做嫁衣,那么校对就是对“嫁衣”的袖口、领口、衣角等细微处做些缝缝补补。而作者的“嫁衣”是否完美,二者的才智和付出都举足轻重,且不可偏废。总而言之,编辑需要对稿件的整体有一个宏观的把握,而校对是在宏观指导下进行微观层面的修缮。

编辑和校对的关注范围大致已经划清,显而易见,编辑的视野范围与关注视角应当也必须大于校对,但不能因此就厚此薄彼。如果没有校对对细枝末节处的修剪,编辑费尽心力种植的幼苗就可能因旁逸斜出的枝节太多而无法长成大树,更谈不上成材。套用一句老生常谈的话,就是职业无贵贱高低,只是分工不同,况且编辑与校对是同志式的合作关系,绝对不应该抑此扬彼而导致不太公允的评价。

2.二者的阅读方式不同

鉴于编辑与校对在职责范围方面的明显差异,基于二者关注的宏观与微观方面的显著区分,二者对稿件的阅读方式也存在着相当明晰的不同,其对待稿件的目的性决定了其阅读的方式,而各自的阅读方式都带着差异性的印痕。

以常见的文字型稿件为例。编辑拿到一份稿件,要润色加工时,首先要通读。编辑通读时,往往以句为小单位,以段为中单位,以篇为大单位,从而对稿件的遣词造句、行文风格、构思框架等有一个全面的了解,以便确定自己在润饰时要遵循的格调和原则。比如:作者行文幽默风趣,就不能对字词的用法抠得那么死板;作者风格严谨、审慎,就需要对表达进行比较严肃的规范;作者的通篇构思不太合乎逻辑,就需要对章节进行调整;等等。大而言之,一份文字型稿件就是字、词、句的集合,编辑在处理时,往往以意统领,以句来阅读,从而做局部的修正。与此不同的是,无论这份稿件有多少码、每码上有多少字、每个字是什么体，校对无一例外都需要逐个阅读，不能放过任何一个，因为放过一个字就可能漏掉一个错别字，也可能因此忽略一个其他差错，从而给整个稿件的质量带来隐患。

如果把一份稿件比喻成一个立方体，那么编辑关注的就是线和面，而校对关注的则是线和面上的各个点。有点的连缀，才有线和面的存在，而线和面以完整面目呈现，也为点提供了存在的必要依托和空间基础。无论是点、线还是面，都是整个立方体必不可少的要素，缺少任何一个，立方体便不复存在，可能只是一个名称罢了。

3.二者造就的影响不同

影响是一个中性词，包括正面影响与负面影响。编辑的正面影响，即编辑策划一个成功的选题，促成一部成功的书稿，他可能因此一夜成名，其知名度可能不逊于作者。正是编辑们默默无闻的幕后付出才造就了一位位作者的辉煌。《十万个为什么》自从20世纪60年代推出以来，一而再再而三地再版、重印，影响了一代又一代大小读者，成为系列图书经典中的经典，这无疑与少年儿童出版社编辑们的努力息息相关。正是他们的默默奉献，才使得国粹级经典持续传承。这样一套经典丛书，远非一位编辑的个人力量可为，而是众多编辑集体智慧的结晶，其影响是巨大而深远的。但在该套丛书赢得数以亿计的读者青睐之前，校对似乎只能在一个晦暗的角落里，悄悄地埋头运用对校法、本校法、他校法、理校法等校对方法工作着，他们可能连留下名字的机会都没有，遑论产生什么大的影响。

这套丛书只是繁多图书品种中的一种，却给整个出版社和编辑部带来了巨大荣誉。该套书成为出版单位的拳头产品、科普图书的著名品牌、同类图书中最畅销的品种，曾荣获国家科技进步二等奖，荣膺“感动共和国的50本书”中的一种，并被授予首届“中国出版政府奖”图书奖……当出版单位在“论功行赏”时，编辑毫无疑问因立下了汗马功劳而得到重赏，因编出精品而屡获好评。而在鲜花和掌声的背后，校对可能被掩藏在七彩的光环下，尴尬而又无奈地一笑了之。

以上只是一个个例，但这个个例似乎代表了出版业界内部不争的现实状况。一部畅销的作品，一本市场走俏的图书，荣誉的归宿往往是两个方面，一为出版单位，二为责任编辑。尽管也有责任校对名列版权页，似乎也只与责任发行、责任印制等相关责任人一样，可能只是一种名字的陈列而已。

4.二者的考核标准不同

权利与义务对应，荣誉与职责对等，从另一个角度来讲，如果一本图书出现五大质量问题中的任何一种，责任编辑都必须作为第一责任人承担相应的责任，遭受处罚，比如《图书质量管理规定》明确指出，一年内造成三种以上图书不合格或者连续两年造成图书不合格的直接责任者(如责任编辑)，将被注销职业资格，这无疑是一种相当严厉的惩戒，而对责任校对造成的校对质量不合格，并没有相关条文的明确规定。当图书等出版物出现质量问题时，校对可能因此被从角落里拉出来，与责任编辑并肩接受处理，但承担的责任远不及责任编辑那么重大，比如三七责任制、四六责任制，按照惯例，绝不会五五对开，各打五十大板的。此外，需要说明的是，在校对所承担的三分、四分的责任里边，是需要由三个人来共同承担的，因为按三校制度和责任校对制度规定，图书付印前是需要三个校次的，而若分散开来，最终落到责任校对头上的处罚会相应减少许多，这也合乎权利与义务对等原则。考核的标准当然是基于各自的业务范围,这本来就应当是不同的。而编校质量是图书质量的重中之重,二者也在这个环节上有共同的担当,尽管迄今没有人可以将二者的职责纤毫不差地厘清,但责任共担则是不争的事实。一般情况下,编辑的考核要相对严格一些,如选题指标、经济指标、奖项指标、业务能力指标等,而校对的考核一般倾向于校对质量、校对数量、校对奖项等。

5.二者有一种似已固化的不可逆性

不可逆性亦可称为单向流动性,具体表现为:一个优秀的校对可以经过努力、完善顺势成为一名合格的编辑,而一名编辑未必可以做好校对。倒不是对编辑抱有偏见,而是事实使然。一方面因为校对有上文描述的诸多特性,专业性较强;另一方面,在业界内部,由编辑向校对的逆向流动是极其罕见的,而由校对转编辑则司空见惯,下面相关章节在讨论校对的出路时,就认为转做编辑是校对的第一条出路。

第三节 编辑和校对之间可能出现的问题

编辑与校对的明显区别,使他们有着明确的分工,而编辑与校对通力合作,携手共进,互补遗漏,才能使得一个出版物的编校质量得到有效保障。任何一个环节都不可偏废,也不能厚此薄彼。出于这样的要求,二者都需要在各自的职务范围内尽职尽责,“编辑从校对做起,校对向编辑学习”是业界正常的、健康的状态,但事实情况似乎未必如此。他们之间可能存在着如下几个问题:

1.校对在校是非的过程中，如果修改不当或提出意见不妥，可能引发编校之间的误会甚至摩擦

校对人员自身积累不同,知识架构不同,语感、语言风格等不同,都会有不同关注点,从而从不同方向和角度着力,所以,同一份稿件由不同的校对人员来校对,除了硬伤之外,其他的修改就可能大相径庭,甚至出现互不交叉的情形,足见各校次之间关注点的明显差异。正是基于以上原因,校对所提出的修改意见才有较大出入,而编辑在处理时,往往以自己对稿件的把握和理解来取舍,结果就显而易见了:铁定的硬伤、符合自己评判标准的修改等都会一一采纳,而与自己的看法相左的修改意见,都会坚决地弃之不用。如校对人员在校对稿件的过程中,把三尺改为一米、把公里改为千米、把一斤改为五百克等,可能是出于规范考虑,但未必符合语境要求,因此遭到编辑的否定甚至抵触,声称校对规范有余,灵活不足,有的甚至当面质问,令编校关系剑拔弩张,战火一触即发。其实在校对过程中,除了必须改的差错外,大多数为校对建议的内容,如若不管不质疑,则可能被编辑视为不认真、不负责任;如若提出不合编辑口味的建议,又可能被认为是胡乱提议、多此一举。所以在修改尺度方面,校对有的时候难免陷入进退两难的境地。如果因工作产生摩擦、闹出矛盾,那就将事态扩大化了。本为同一战壕的战友却同室操戈,本来同仇敌忾却最终怒目相向。这样的内斗势必会两败俱伤,和谐感也将荡然无存。而校对为了避免这样的情况出现,就要慎重修改,在提出意见时,要措辞委婉。

2.部分编辑的知识盲点过多，或者由于种种原因，编辑抽不出真正伏案处理稿件的精力，从而使编辑将稿件带来的压力抛给校对，校对面临的压力增大的同时，也容易导致心理失衡等负面情绪

按常理来讲,编辑的水平即综合业务能力应该也必须在校对之上,但不可否认,能力颠倒的现象还不同程度地存在。我们讲究术业有专攻,素质的高下、业务的偏倚,本是正常状态,但无论哪方难以胜任本职工作都不利于合力攻坚保障图书质量。此外,不可回避的是,编辑由于其他环节的事情过于烦琐,可能无暇静心处理稿件,这样的结果势必是稿件未加工或者浅加工,而进入校对流程后,校对的担子自然相应加重。这种本不该出现的怪象可能会导致校对的反感甚至厌倦,从而不自觉中对编辑抱有某种看法,甚至对编校的职业定位产生怀疑。

3.校对改出的差错或者提出的建议，编辑由于种种原因而未加处理（包括不采纳校对建议、不处理校对疑问等），导致差错漏改，校对的价值被人为降低

在日常工作中,正常的程序应该是:校对对发现的差错提出修改建议,编辑核准后决定是否采用,在稿件上形成最终的处理结果。但实际情况往往并非如此,比如:某些稿件在校对完成校次后,编辑甚至没有过目或者草草过目之后就送往排版制作部门,让排版部门进行修改,在稿件上没有留下任何编辑处理的痕迹或者留下的是跳跃式的痕迹。这样不仅给排版制作部门带来疑惑,也令校对在进行下一校次核红时无所适从。此外,部分编辑对校对的意见拒不采纳,如:“熊他一顿”,有编辑固执地认为“凶他一顿”是对的;“平方米”是规范的,而部分编辑坚持要用“平米”;有的编辑坚决认为"后备厢"的"厢"应该用"箱";等等。

编辑未处理校对的建议或者处理得不够仔细认真,可能由以下原因所致:第一,时间仓促,来不及处理;第二,学识范围或者知识积累有一定局限,抑或是习惯使然,并不认同校对的意见,尽管校对提出的意见是经过慎重考虑并有证据支持的;第三,手头资料有限,难以核实,故而匆匆略过,弃之不用;等等。这些理由纵然有合理之处,但对校对过的稿件不加处理,就相当于在编辑环节没有体现出校对的任何价值,也使校对的辛苦付出付诸东流,实在是不该出现的渎职行为。对第一、二校次持这种态度造成的损失尚可补救,如果对三校样还如此对待,就可能造成无法挽回的质量事故。

编校间的关系因各司其职而和谐融洽,因玩忽职守而矛盾丛生。

4.有的编辑所要求的时间带有强制性和紧迫感,与校对的实际情况不相匹配

关于稿件的核心问题无非两个:一是质量,二是时间。虽然图书的出版周期比报纸、杂志略长,但是,由于出版周期和出版合同的限定,各环节还是要加快进度。在环环相扣的情况下,任何一个环节的松动都会影响整个出版链条的运行。给校对限定完成时间原本无可厚非,因为稿件本身就需要一个合理的运作周期,每一个环节都需要按规划抓紧时间,但如果超出常规的时间限定就显得不太科学了。我们知道,每个人每天的工作量是有限的,尤其是校对,国家规定校对每天合理的额定工作量是 2 万字,但实际情况是,校对经常习惯性超额,否则是无法完成既定任务的。编辑催校对太紧,给校对预留的时间过少,一方面使校对处于赶工期的工作状态,容易遗漏差错,质量无法得到有效保障;另一方面,也使整个

校对室内的统筹安排被无端打乱,在一定程度上影响了整个出版单位的校对进度。偶尔赶一赶进度,如参与评奖、国家基金项目、国家资助项目等,这些书稿时限较短往往可以理解,但如果经常试图把在前期的选题策划、组稿、编辑加工等环节贻误的时间在校对环节上弥补出来,似乎就非常不妥了,这种前松后紧式的工作安排不利于提高质量和效率。赶时间、赶进度的状态,除了导致上述两个方面的后果外,还很容易引发编校人员之间的不和谐因素。

编辑要求校对在限定时间内完成相应校次,其实是忽略了至关重要的两点:第一,这种限时的要求无论是否合理,都带有一种强制性质,可以说包含某种命令成分,而未体现出同志式的合作关系;第二点,校对室或者校对部门面临的是整个出版单位的稿件,而非单独某个编辑或者某个编辑室的稿件,故而一份稿件真正所需时间由两部分组成,即排队等待时间和校完该校次所需时间,所以稿件的计时应从真正排上该校次开始,而不是送到校对室的那一刻开始。这样的忽略势必会引起编校双方理解上的偏差,时间越紧张,这种矛盾就可能越突出。

5.编辑对发稿制度、三审制度落实不到位,遗留种种隐患,而校对作为被动接受者往往无力掌控局面,在不知情的情况下背负连带责任

发稿制度要求书稿送到校对前要达到“齐、清、定”要求,但在实际业务流程中,未达到三个标准的书稿时常出现,更有甚者,当稿件已经进行完终校后编辑依然增删内容。这样做的后果,就是直接导致编辑加工过的内容未经过任何一个校次,而这些内容,往往最容易出现质量问题。此外,部分书稿的封面迟于内文制作完成,CIP 数据申请获批复并放至版权页的时间晚于整部书稿三个校次的结束时间,致使校对并未真正见到这两处内容,无法进行核对,而如果编辑疏于核查,便容易遗漏差错。

终校之后、付印之前,若无通读和印前质检环节,质量问题便很可能隐藏在这些只有编辑经手的内容之中。这个时候,校对似乎爱莫能助、鞭长莫及了。

6.若出现质量问题，编辑和校对可能出现相互推诿的情况

纠错不仅是校对的使命,也是编辑的职责。二者本来就存在着业务的交叉,而随着校对功能的转换,这种交叉会越来越明显。所以,如若出现质量问题,那么应对二者都加以责罚才显公平公正,但如何去责罚?各担一半,显然对校对有失公允;而如果不这样处理,究竟怎样的担责比例才能让二者都心服口服呢?职责的界定由于交叉而难以厘清,从而导致承担的比例无法最终划定,所以纠纷就在所难免。在荣誉面前,人人争先恐后;在责任担当面前,人人避之唯恐不及。这种人性的弱点不可避免地表现在编校关系中,相应的推诿、指责便可能随之滋生,而在推诿、扯皮中,如果处理不当,编校关系便难免剑拔弩张。

编校间的这些问题我们应当尽量规避,唯愿其只是一种推断和可能。职责界限的不清、人为的敷衍、实力的强弱、稿件的轻重缓急、制度的执行不力、人性的趋利避害,都是客观存在的事实,而这些事实一日得不到清除,这些问题便无时无刻不伴随着编校全过程。

编辑和校对之间的问题远不止上述这些,随着时代的发展,可能会有新的问题不断出现,但无论如何,编校都是一对无法割舍的朋友,尽管可能会闹些不愉快,但其并肩作战的情谊不会改变。编校质量的要求令他们不得不同舟共济,共同的荣誉则见证了他们

共同的辛勤付出。身为校对人员,在处理与编辑的关系上一定要讲究策略、拿捏好分寸,整体原则大概是:以业务能力赢取认可与尊重,以同志式合作的情谊为基础,以保证编校质量为目标,多提建设性意见,多指出典型性普遍问题,多利用机会与编辑沟通。其实,校样即是校对与编辑最直接、最有效的沟通介质,所以校样上的真功夫最易受到关注,而当结束整个校次时,形成书面的校对意见将是个不错的选择。当然,适当的口头交流也必不可少。编校关系也是人与人之间关系的一种表现形式,当人与人之间的关系融洽时,一切事情自然就变得简单,一切问题自然就迎刃而解了。

第三章　校对方法初探

第一节　如何做好图书的校对工作

办事情讲究方法，才能有事半功倍的效果；若不重视方法，则不仅达不到预期目的，而且耽误工夫，甚至徒劳无功。针对校对来讲，是否也有规律可循、有方法可依呢？会不会存在一种适用于校对的方法，而使校对工作切实高效呢？单纯针对校对来论方法，有一种纸上谈兵的意味，并且前人已经对校对方法总结过几种，如对校法、本校法、他校法、理校法、人机结合校对法等，如果再重复这些，不啻拾人牙慧，根本没有必要赘述。论校对方法，就是古人早已经总结出的成功学精髓——熟能生巧，正所谓“操千曲而后晓声，观千剑而后识器”。其实，在实际的校对过程中，校对人员已经在自发地使用着上述的校对方法。下面集中谈谈如何切实做好图书的校对工作，不是陈列方法，而是力争切中肯綮，将各种校对方法融会贯通，应用于无形，使校对的效率和质量产生质的飞跃。笔者觉得要切实做好校对工作，必须建立在两个前提之上，也就是要明确两点：

第一，要意识到校对的重要性，这里包括出版单位领导的重视和校对人员自身的重视。所谓出版单位领导的重视，即为校对人员提供合理的薪金与晋升通道；而校对人员自身的重视，即校对自身对校对这项工作增强责任感、荣誉感和把关意识，从而具有高度负责的职业操守。

第二，校对必须具备与校对岗位暗合的职业素养。校对必备的职业素养总括起来为：具备尽可能博杂的知识；有一定的悟性和对差错的敏感；积极主动学习的态度；有充分的责任心，足够细心和耐心；勤查、多疑、善思、慎改；等等。

以上两点是做好校对的基本前提。如果前提得不到满足，就谈不上如何做好校对的问题。至于如何切实有效地做好校对工作，笔者认为应从以下几个方面着手。

1.广泛涉猎，使知识储备日趋丰富和完备

校对面临的稿件包括人文、自然地理、科学技术等方面，尽管各个出版单位的图书品种各有侧重，但整体上还是多样化的。与编辑不同的是，编辑只需要有本专业方面的特长，对稿件有一个整体内容和方向性的把握；校对则不然，校对要承接的是全体编辑的稿件（某些部室配备本专业的专职校对除外），故而必须有各学科起码的基础知识准备，这样才能发现问题，消灭差错，为编辑提供有价值的参考意见。只在某一学科有特长或眼光仅仅局限于某一领域，是做不好校对的，所以有人说优秀的校对是博采众长的杂家，也是很有道理的。在扩大涉猎范围的同时，也要关注知识的更新，这也是知识储备的要素。如：抗生素不再用旧称，是医疗科学方面的；元素周期表增加四个新成员，是化学方面的；河南的石人山改为尧山，是人文地理方面的；等等。因循守旧、墨守成规是一切学术研究的大敌，校对自然也不例外，知识的推陈出新因校对的关注而变得鲜活，令图书等出版物有与时俱进的灵动感。

在这里我推荐一个知识更新的网站，比如中文编辑校对网（http://www.bianjiao.net），就是个不错的网络学习平台，经常发布一些新规范和新知识点，经常关注并多加借鉴，校对功力将会有质的提升。此外，专业校对QQ群、微信群、微信公众号等，都是更新速度极快的学习资源。需要特别指出的是，QQ群、微信群的信息大都一闪而过，对于积累的帮助有一定的局限性，而微信公众号作为时时更新的自媒体，对校对从业人员第一时间捕捉、吸纳新的知识点相当便捷且有利，在获取信息渠道趋于多元化的今天，手机成为人们生活的必需品，而从手机上获取编校知识也越来越受到编辑、校对的青睐。目前，个人认为编校领域较好的公众号有编辑校对、木铎书声、语言研究、编校知识库、小张咬文嚼字等。

2.培养敏感度，在潜移默化中提高效率

校对的敏感度大致包括三个方面：对文字、符号的敏感，对差错的敏感，对职业自身的敏感。校对面对文字不敏感，就很可能导致对原本很简单的差错熟视无睹。而职业的敏感会贯穿一个优秀的校对的整个校对生涯，也就是说，对一些不需要纠错的地方会不自觉产生纠错的欲望，比如电视电影字幕、广告牌、墙报等，一个优秀校对都会产生不由自主的纠错冲动。敏感度的培养是一个长期的过程，有先天的因素，更有后天的努力，有时候不需要刻意为之，校对的稿件多、时间长，这种敏感度会自然产生。这是熟练的校对普遍达成的共识，也是熟手与生手的明显区别。在敏感度形成后，对于形近字、音近字等差错就会习惯性锁定、自然性聚焦，从而迅速将其消灭。

校对敏感度的表现之一就是语感的形成，当敏感度达到一定程度后，校对会对一些知识差错、语法差错、逻辑谬误等形成自然而然的条件反射，简单来讲，就是目光扫过后，甚至不需要思考和剖析，就会很容易、很轻松地发现差错，并纠正差错。比如以下三个例子：

（1）"诗圣"李白创作了许多豪放的诗歌。

（2）这部电视剧是源于一篇小说改编的。

（3）夏意渐浓，经常可见大雁南飞。

当语感形成后，你不假思索便可以迅速定位谬误，从而揪出三种差错。

3.注重总结、积累，多渠道知识共享

前面说到广泛涉猎，充实自身的知识储备，充实之后，自然就是消化吸收，使之真正变为自己的知识宝库，在需要的时候可以随时调出。

积累的第一种方法就是记录法，具体方式因人而异，虽形式不同，但本质类似，就是将所捕获的知识集中起来备用。比如建立电子文档、准备专门的笔记本两种。这两种方式各有所长：电子文档便于检索，但形成的印象没有记在笔记本上深刻；笔记本记录虽然记忆深刻，但不便于查寻。无论哪种形式，最好分类整理归纳，如建立易错字集合、易错词集合、易忽略的知识差错集合等，这样不仅便于查看，而且其操作本身也是一种对记忆的深化与加强。

积累的第二种方法就是信息共享。在校对部门内部，可以建立 QQ 群或者微信群，一人发布，全体知晓，对其他知道该知识点的人员来说是对固有知识的一种强化，而对不知道该知识点的人员来说是长知识。一般来讲，群里的海量信息一般更新较快，所以要主动获取，而不是被动接受。信息的发布者与接收者之间，如果再有线上或线下的有效讨论与商榷，将会使共享更具价值。尽管校对是不折不扣的案头工作，但只埋头苦干、不相互交流的方式并不可取，这样很可能导致自身知识的僵化，从而使业务能力原地踏

步甚至倒退。

积累的第三种方法是形成校对报告。这种方法是一种进阶性和提升性积累,不仅需要揪出差错,而且需要将差错进行分类归纳整理,并形成书面性材料。校对报告完成后,附在校样上,一并送还编辑。这其实是一种自我加压、阶段总结,更是一种自我展现,至于校对报告的格式,并无硬性规定,尽量以简洁、明晰、有条理为宜。若撰写校对报告成为一种习惯,业务能力便会在短时期内得到快速提高。(本节后附3篇近期的校对报告样本,以供参考。总结的校对意见属于小型的校对报告,在校对报告中穷举差错没有必要也略显冗余,故未将相应的差错尽数罗列。形成校对报告的关键在于分类归纳、条理清晰,从而为编辑提供有侧重点的处理建议。)

4.通力合作,做好过渡与衔接

《图书质量保障体系》第十一条明确规定:坚持责任校对制度和"三校一读"制度。这项规定不仅符合保障出版物质量的实际,而且从法律层面要求强制执行。而事实情况是,不少出版单位由于种种因素并未严格遵照执行。当前,电子稿件盛行,校对的校异同功能基本丧失,从而使校对的重点转到校是非上来,这无形中增加了校对的劳动强度。尽管如此,相应的制度并不能也不应该因此改变,三个校次缺一不可,而辞书类的大型工具书或者字数较多的图书还要适当增加校次,以确保编校质量。概括来讲,一校消灭基本的差错,二校是有效补充,三校是查漏补缺,每一校次的校对人员都有其盲点,也各有所长,所以让前一校次的校对人员翻看后一校次的校样是提升业务能力最直接也最有效的方法。这既体现了各校次的连贯性,也增进了校对人员之间的相互了解,更重要的是,在翻看过程中,各校次之间进行了无声而有效的探讨和交流。

辞书一类的工具书或者大部头著作,开始校对前做好统筹和合作尤为关键。因为一本辞书需要分给三人甚至更多人校对,所以要及时进行信息互通,以确保至少做到以下几点:第一,字词用法的一致性(如常见的做与作、制定与制订、英式英语与美式英语中单词的拼写等);第二,相关名称的一致性(如偏旁、部首的名称:走之与走之底、双耳旁与双耳刀等);第三,整体体例的统一性(如序号的阴文、阳文显示与括号用法的统一等)。针对不同的辞书,侧重点会各有不同,最好由专人整理成书面材料,由各校对人员共同遵照执行。

所谓的合作也包括与编辑的合作,针对某些典型的或者群发性的差错,形成书面的校对意见,这不仅是提醒编辑注意存在的问题的途径,也是积累与总结的另一种表现形式,既密切了编校关系,也令校对的责任感进一步巩固和加强。

5.适度、适时使用校对软件这一无声的得力助手

当前最流行的校对软件就是黑马校对软件。这款软件以其高敏感度和强纠错性受到业界普遍好评。随着软件功能的不断更新和完善,这款软件将会越来越智能化和高效化。尽管如此,我们也要把握两条原则,一是适度,二是适时。所谓适度,就是不要过分依赖黑马校对,毕竟它只是一个软件,不可能将差错全部消灭,比如“的、地、得”的用法、机械地以词组为单位纠错就是其最突出的两大劣势,除此之外,黑马软件甚至还会出现误判情形:

(1)按树叶的形状分类。——误改为“桉树叶的形状分类”。

(2)各幼儿园进行园际交流是一个不错的提升教学水平的途径。——误把“园际”改为“国际”。

(3)准备好杯具、文具和图书,准备到绘图室画画。——误把“杯具”改为“悲剧”。

可以想见,这样的修改无疑只会徒增笑料。但它在人名、地名、机构名等知识性差错的纠正上的确表现出强大的一面。鉴于以上所述,要适度使用黑马校对软件,还是应以校对人员纠错为主,以黑马校对为辅。

所谓适时,就是要把握好使用黑马校对软件的时间。一般来讲,一校中发现的差错可能较多,二校中会明显减少,三校中基本肃清,在前两个校次中用,一方面差错过于集中,不便处理,另一方面会与校对人员发现的差错有较多冲突,故而不太适合用黑马软件。第三个校次中差错较少,虽然冲突不大,也会给责校带来些许帮助,但有清理不彻底的可能性。所以最好的时机是编辑处理完三校样后再由责任校对在付印清样上使用黑马软件。此时稿件相对完善,使用黑马可以起到查漏补缺的巨大作用,并且留错量已经相当有限,故而处理黑马的校对结果也相对容易得多。

6.双管齐下，勤查工具书的同时合理、有效利用网络资源

校对的稿件无论是电子稿还是纸质稿,都是需要查询资料的,而网络就为校对人员提供了便捷的查询通道。但需要注意的是,网络资源有其海量性和不权威性等特点,故而只能作为校对工作的辅助性手段,而不是校对工作的主要工具。当然,如果选择准确,方法得当,无疑会达到事半功倍的效果。网络资源一般有多种版本并存,使我们在查询时无所适从,在实际校对工作当中,经过实践验证,笔者推荐几个相对权威的资料查询站点:中国工具书网络出版总库(http://gongjushu.cnki.net/refbook/default.aspx)、读秀学术搜索(http://www.duxiu.com/? lsu=shr)、国学大师(http://www.guoxuedashi.com)、全国科学技术名词审定委员会(http://www.cnctst.cn)。这四个站点可以作为查询资料的常用网站加以

收藏利用,可以相互参证,最终甄别采纳。需要特别强调的是,当校对一些名家的书稿,比如梁实秋、沈从文、冰心、萧红等人的文章时,由于年代久远,各版本不尽相同,此时有一个简捷方法可供参考。读秀学术搜索网具有少量的信息检索量,尽管是收费的,但作为普通的校对人员,完全可以避开收费,具体做法是:打开读秀网主页—点击登录右侧的进入体验版—输入要检索的内容—点击中文搜索。因为没有付费,使用的是体验版,所以显示的内容会有所限制,但对于我们检索的内容,前后都会有至少一段的完整摘录,这已经足够作为我们校对时的参照资料。在读秀、知网上通过此法检索图书资料是非常便捷和有效的。而如果校对古文类的稿件,国学大师网站中的古籍检索会起到巨大的辅助作用。

以上所列各点不足以涵盖做好校对的方方面面,经常参加培训、听专家讲座也是校对开阔眼界、提高技能的有益补充。还有一点需要特别说明,在各个校次进行过程中,每个校对人员应当有所校对稿件的电子文档,以便把电子文档作为检索工具。比如由于一时疏忽或杂事相扰,某个差错当时被忽略过去,而事后瞬间记起,但几经翻看而无果,此时就可利用电子文档,迅速定位漏错之处。还有诸如人名、地名等差错,都可以通过检索锁定后消除。

此外,处处留心皆学问,不要将校对的眼界仅仅局限于图书,视频字幕、音频发音等也可以成为校对对象。若将校对的触角延伸至这些方面,不仅会增加校对本身的趣味性,而且对巩固和扩充知识储备极其有利。应该欣喜地看到,一些对语言文字运用、知识积累非常有益的节目借助电视这一平台,形成了巨大的感召力和影响力,如《汉字英雄》《成语英雄》《汉字风云会》《中国成语大会》《最爱中国字》《一站到底》等,都寓教于乐,值得编辑、校对人员等广大文化传播工作者收看、学习。与之相应的是,一些歌曲中的发音差错,就可以作为业余之际的校对对象,如以下列举的几个发音差错，均来自曾经风靡一时的歌曲。演唱者对某些字的错误发音，如同突然蹦出一个个不和谐的音符，使整首歌曲失色不少。

（1）形近致误

歌曲《北京　北京》以歌手沧桑、高亢的音色曾打动过无数北漂者的心，也令无数人动容泪下，其中有这么一段：

当我走在这里的每一条街道

我的心似乎从来都不能平静

除了发动机的轰鸣和电器之音

我似乎听到了他蚀骨般的心跳

大家细听后不难听出，原唱唱该段最后一句时，把"蚀"发为"chù"，唱出来是"chù"骨般的心跳，对这个字的发音把握得比较准确的人会觉得非常刺耳，因其正确发音应该是"shí"。蚀，意为损失、损伤、亏耗，"蚀骨"形容程度之深、感受之切；而发"chù"音可能因与某字（如烛）形近致误。

无独有偶，另一首经典歌曲《爱如潮水》也以其动人的旋律和演唱者绵柔的声线令人百听不厌，其中有这样几句歌词：

我再也不愿见你在深夜里买醉

不愿别的男人见识你的妩媚

你该知道这样会让我心碎

答应我你从此不在深夜里徘徊

不要轻易尝试放纵的滋味

你可知道这样会让我心碎

这一段歌词韵律优美，且不说唱起来顺口，仅仅读起来就极具音韵之美，但其中两个字的发音值得商榷。"不愿别的男人见识你的妩媚"，"妩"原唱发音是"fú"，但其正确发音应是"wǔ"，"妩媚"在一些言情小说中经常用到，用来形容女子、花木等姿态美好可爱，用在歌词中既形容女子的美态，更反衬出歌者心中的凄苦和无奈,用得恰到好处。原唱把“妩”发为“fú”,可能是受到“抚”字发音的影响。此外,“徘徊”的“徊”演唱者的发音为“huí”,有文章说在我国台湾、闽南等地是这种发音,也有可能,但在《现代汉语词典》等正规的辞书中,“徊”均发“huái”音,即“pái huái”。但如果发这个音的话,整首歌词的韵脚将受到影响,这也可能是致误的原因之一,但该字容易按声旁误读为“huí”,却是不争的事实。

除此之外,还有一个字不仅容易读错,而且容易写错,《漂洋过海来看你》一首歌的最后几句:

在漫天风沙里

望着你远去

我竟悲伤得不能自已

多盼望送君千里

直到山穷水尽

一生和你相依

其中的“自已”在歌词中显示为“自己”,应该是一个误写。“已”和“己”只有细微的差别,甚至不同的字体有的根本看不出二者的区别。但在本歌词中应是“已”(yǐ),“自已”的意思是“抑制住自己的感情”,与歌词大意相吻合,而“自己”只是一个人称代词而已。“已、己、巳”差别细微,不认真辨别可能会一闪而过,作为孪生三兄弟中的两个,常被人误认、误读、误写,都在情理之中。但它们各占一岗,各司其职,是不可“串岗”误用的。

(2)多音致误

《独角戏》这首歌曲曾风靡大江南北,而许氏(许茹芸)的唱腔也因此自成风格,其中前四句是:

是谁导演这场戏

在这孤单角色里

对白总是自言自语

对手都是回忆

听过这首歌的人都知道，演唱者把“角”的音发为“jiǎo”，现来考证一下。“角”在汉语中有两个发音，此为其一，其二为“jué”。作为多音字，其发音不同，对应的义项也各不相同。而在“角色”“角斗”“主角”“配角”中，均应发“jué”而不是“jiǎo”。可能角（jiǎo）作为人民币单位在人们心中根深蒂固，也比较常用吧，致使大多数人误读，且大多数人并未意识到自身的差错。

另一首作品也有相当高的知名度，曾在20世纪90年代轰动一时，作为电影的插曲，似乎比电影更深入人心。由发哥主演的电影《阿郎的故事》想必知道者不多，但歌曲《你的样子》可能听过的人甚众。这首歌经林志炫的倾情演绎（原唱为罗大佑），重新焕发勃勃生机，在大江南北广为传唱。其开头几句是这样的：

我听到传来的谁的声音

像那梦里呜咽中的小河

我看到远去的谁的步伐

遮住告别时哀伤的眼神

问题出现了，林先生在演唱第二句时，把“呜咽”发音为“wū yān”，熟悉这个多音字的听众不难听出，这里是一个误读，应为“wū yè”，意为低声哭泣或是流水等发出凄切的声音，在歌曲中作后一种解释较为稳妥。“咽”除了上述两个读音，还有另一个读音，即“yàn”，作动词讲，表吞咽意。一字三音，难怪会出现口误，在歌曲中可以说是小小的美中不足。

类似问题，也出现在以高亢嘹亮而迅速蹿红的《你快回来》一曲中。孙楠的《你快回来》极具穿透力的嗓音令人振奋，酣畅淋漓的情感表达令人产生共鸣，其中几句歌词如下：

走到思念的尽头

我终于相信

没有你的世界

爱都无法给予

忧伤反复纠缠

我无法躲闪

其中“给予”的“给”，在原声版中发音为“gěi”，尽管意义无二致，但作为词语来讲，有其固定的发音，即“jǐ yǔ”，表示“给”的意思。这可能是常用字在词语中错误读音的典型，但小小的缺憾并未减少歌曲的巨大魅力。

(3)习惯致误

《曾经最美》这首单曲以清丽的曲风和朱铭捷唯美的声线俘获过无数少男少女，作为主题曲，也使《水晶之恋》这部电视剧锦上添花。这首歌曲无论是旋律、歌词，还是演绎，都堪称完美，其中有这样几句：

整个城市的孤寂

不止一个你

只能远远地

想象慰藉我们之间的距离

原唱在演唱时，把“藉”的读音发为“jí”，其实是有待商榷的。“jí”这个发音比较常见，在日常生活中用得最多的莫过于“狼藉”。“藉(jí)”在词典中有两个义项，一为践踏、侮辱，二为姓氏。“藉”还有另一个读音，并且其使用的广泛性也绝不亚于第一个读音，那就是“jiè”。这个读音对应的意思有“垫在下面的东西”“垫”“衬”等等，而在“慰藉”中，“藉”应读“jiè”而不是“jí”。

另一例大家也并不陌生，就是刘德华《冰雨》中的“你就像一个刽子手把我出卖”，演唱时的发音是“kuài”，而正确发音应是“guì”。“会”有两个读音，而“kuài”音则成为“刽”字误读的一大诱因。该字因为含义血腥而为大众所不齿，也不常用，但此例堪称大众误读的一个典型，所谓“习惯成自然”，也就见怪不怪了。

除了以上列举的误读外，还有一个共性的误读出现在许多歌曲中，就是汉语中使用频率较高的字——“的”的发音。在歌曲中，“的”绝大多数用作助词，而作助词时，“的”只有一个读音“de”，然而为数不少的演唱者都发“dí”音，可能是习惯使然，也可能是将日常生活中的口误顺便带入了歌曲演唱中。

需要引起注意的是，我们听音乐的目的是放松神经，愉悦身心，并不是纠谬挑错，但将这种纠错意识融入生活的方方面面，只要不影响正常的人际交流，还是可以平添诸多情趣的，校对的枯燥性、单一性也可能会因此消减。

一个人不可能掌握所有的知识，但可以掌握有效的获取知识的途径和方法，从而最大限度地获取知识。校对作为一项独立的职业，自然有其共性和规律性，把握这些特点，并在实践中探索出真正适合自己的工作方法，将会使校对这种看似枯燥无趣的职业变得轻松而高效。总体来说，只有真正掌握了校对的基本功，同时不断加强眼力与脑力的训练，并辅以与时俱进的知识储备，才能在校对过程中游刃有余，从而更好更有效地做好校对工作。

附：

校对报告样本之一

《花儿与歌声》校对报告

1.部分错别字。“跟”有“和”的意思，而“给”没有“和”的意思，故而在表示“和”的意思时，应用“跟”。“唉”表叹气、应答，“哎”表提醒或者疑问。“嗳”很少用，一般用“哎”。“仰头”不是“扬头”，“仰脸”不是“扬脸”。“噩梦”不用“恶”。“计票”有记录并统计的意思,用“计”不用“记”。“敢做敢当”中“做”不是“作”。“月牙”不是“月芽”。“烟成缕”而“头发成绺”。“松弛”不是“松驰”。“两人一事”不是“两人一势”。口语中说“老师”,书面语中说“教师”。“玩意儿”不是“玩艺儿”,“违反纪律”不是“违犯纪律”,“交代”与“交待”含义不同,“筷子”不是“筷了”,“呼扇”不是“忽扇”,“河汊”不是“河岔”,“扯淡”不是“扯蛋”,“渡过难关”中“渡”不是“度”,“浮光跃金”中“跃”不是“耀”,“柴火”不是“柴禾”,“差池”不是“差迟”,“落日熔金”不是“落日融金”,“激动地挥着手”中“地”不是“得”,“一哄而散”中“哄”不是“轰”,“掰手腕”中“掰”不是“扳”,“很有文化”不是“很文化”,“一股脑儿”不是“一古脑儿”,“解手”不是“解溲”,“比画”不是“比划”,“门闩”不是“门拴”,“轱辘”不是“轱轮”,“走的时间长”中“的”不是“得”,“冰激凌”不是“冰淇凌”,“更尽一杯酒”中“尽”不是“进”,“倾泻”中“泻”不是“泄”,“捡废品”中“捡”不是“拣”,“两全其美”中“其”不是“齐”,“父亲和儿女三人”不能说“父子三人”,“融进天际”中“融”不是“溶”,“顺杆爬”中“杆”不是“竿”,“茄子”不是“笳子”,“本分”不是“本份”,“一个词语”不能说“一个词汇”,“戛然而止”中“戛”不是“嘎”,“落下东西”不是“拉下东西”,“窨井”不是“阴井”,“老奸巨猾”不是“老奸巨滑”,“墙根”不是“墙跟”,“坐落”不是“座落”,“把泥胶摔黏”中“黏”不是“粘”,“似的”不是“似地”,“翻个儿”不是“翻过”,“马蜂窝”不是“蚂蜂窝”,“顾名思义”不是“顾名释义”,“把杯子往桌上一蹾”中“蹾”不是“墩”,“即使”不是“既是”,“出啥娄子”不是“出啥漏子”,“脚指甲”不是“脚趾甲”,“脚趾”不说“脚趾头”,“装作”不是“装做”,“舒缓”不是“疏缓”,“桑塔纳”不是“桑塔那”,“支吾”不是“吱唔”,“泪眼蒙眬”中“蒙眬”不是“朦胧”,“麦梢”不是“麦稍”,“有点蒙”不是“有点懵”。

2.标点误用。当插入语的说话对象变更时,不用逗号,而用冒号或者句号;陈述语气均用句号不用问号;叹号用于感叹语气或者祈使语气。

3.沿用旧称及词语用法差错。“公分”已经废弃不用,应用“厘米”;“平米”的说法仅限于口语,行文中应改为“平方米”;温度的单位不是度,应为摄氏度;“下载”的含义与“拷贝”不同;等等。此类应与新标准同步。

4.前后的一致性。如:相关的歌词表述一致,如“我问月亮到哪儿去(哪去)”;前文中说是“摘花”“割花”,后文中不能说是“剪花”;前文是“透明胶”,后文是“透明胶带”;前文是“花圃”,后文是“花园”;等等。

5.引语的规范(括号内为正确用法)。如:屋漏偏逢连阴(夜)雨,船破恰(又)遇顶头风;“过而能改,善莫大焉”引自《左传·宣公二年》,不是孔子所说;等等。

其他如表述差错、标点差错、“的、地、得”的用法差错,不便列举,已在校样上指明。另外,作者的行文中涉及较多方言式口语,部分字词无从考证,已保持原状处理。

校对报告样本之二

《钧窑通史　图录卷》校对报告

1.错别字。“凤耳瓶”中“凤”不是“风”,“旁枝末节”中“枝”不是“支”,“烟灰缸”不是“烟缸”,“饰有斑纹”不是“施”,“八三〇”不是“八三0”,“款识”不是“款别”,等等。

2.标点。文中多处误用叹号,已画出,通读时留意;描述器形、出土地、现藏地、收录处,这几个项目独立成段,并且段末均不加句号。

3.数字用法。描述瓷器时,如五孔、三足、二十六痕,用汉字;世纪、年代、年龄、百分数,用阿拉伯数字。

4.更名问题。如禹州于1988年前称禹县;紫禁城出版社于2011年改称故宫出版社;河南文物考古研究所当前称为河南文物考古研究院;“长沙市文物考古研究所”不是“长沙市文物考古所”;故宫已经被辟为博物院,所以目前应当说“北京故宫博物院”,而不是“北京故宫”;“禹县钧瓷工艺美术一厂”还是“钧瓷一厂”,是“中国工艺品进出口公司”还是“中国工艺品进出口总公司”,此类应统一核定。

5.表述不当或不合理之处。“计划经济时期”是指“三大改造”完成至20世纪末期,而20世纪90年代和2000年以后不应该是计划经济时期,而应是市场经济时期,所以,第四编第六章的标题有待商榷;神垕属于禹州,所以“神垕及禹州等地”的表述属于并列不当,建议改为“神垕及禹州其他各地”;部分器形尺寸明显不合理,如宽比长的数值大,请统一核对尺寸是否正确。文中多处表述不当已修改或指出。

6.需统一的地方。文中所引用的文献名如书名前后应核准后统一;相应的机构名及收藏地、出土地名称等,应全书保持一致;在描述器形时,如果是整数,就不必精确到十分位,如直径10cm就不必写成10.0cm,全书应统一。

7.瓷器展示收藏的单位,用全称而不用简称,如北京故宫博物院、台北“故宫博物院”、禹州钧官窑址博物馆等。

8.目录中差错太多,存在多处与内文不照应之处;编或者章节无页码,请核对后添加。

9.部分人名、地名、著作名、器物名等无从考证,已经提出疑问,请处理时核准。

10.由于书稿400余码,故分三人校对,所以在通读处理时应兼顾前后的序号如图序、表序等的连续性，并且在统一性方面要格外关注。

校对报告样本之三

《唐宋词名篇精赏》校对报告

1.错别字。

"不骛其多"中"骛"不是"鹜"，"秤锤"中"秤"不是"称"，"连线"不是"联线"，"一泻无余"中"泻"不是"泄"，"疑义"不是"疑议"，"异议"不是"疑议"，"十余首"中"余"不是"馀"，"回船"中"回"不是"廻"，"以天下为己任"中"己"不是"已"，"这一词语"中"词语"不是"词汇"，"做客"和"作客"含义有别，"朦胧"中"朦"不是"蒙"，"瓜洲"中"洲"不是"州"，"妥帖"中"帖"不是"贴"，"缘由"中"缘"不是"原"，"而已"中"已"不是"己"，"无法自拔"中"无法"不是"无以"，"叠句"中"叠"不是"迭"，"柔情蜜意"中"蜜"不是"密"，"令狐"不是"令孤"，"熨帖"中"帖"不是"贴"，"隐秘"中"秘"不是"密"，"执着劲儿"中"劲儿"不是"动儿"，"而今"中"而"不是"尔"，"灿然"中"灿"不是"燦"，"折中"中"中"不是"衷"，"出谋划策"中"划"不是"画"，"绝非"不是"决非"，"漂泊"中"漂"不是"飘"，"糅合"中"合"不是"和"，"文章"不是"立章"，"吹皱一池春水"中"一"不是"—"（一字线），"抛撒"中"撒"不是"洒"，"难挨"中"挨"不是"捱"，"不由得"中"得"不是"地"，"一副老态"中"副"不是"付"，"煞尾"中"煞"不是"熬"，"升起烟雾"中"升"不是"生"，"水汽"中"汽"不是"气"，"余晖"中"晖"不是"辉"，"张若虚"中"虚"不是"虎"，"辩证法"中"辩"不是"辨"，"候馆梅残"中"候"不是"侯"，"熔为一炉"中"熔"不是"融"，"漂流"中"漂"不是"飘"，"真的"中"的"不是"地"，"包含"中"含"不是"涵","周公瑾"中"瑾"不是"谨","振聋发聩"中"振"不是"震","形象"中"象"不是"相","扣合"中"扣"不是"叩","漂浮水中""飘浮空中"为正确用法,"不复存在"中"不复"不是"无复","备受"中"备"不是"倍",宋朝将领"李纲"中"纲"不是"钢","彷徨"中"彷"不是"傍","旧账"中"账"不是"帐","踽踽独行"中"踽"不是"蝺","做主"中"做"不是"作","侵略者"中"略"不是"掠","显得天真"中"显得"不是"嫌得","蛾眉曾有人妒"中"妒"不是"炉","勠力贾勇"中"勠"不是"戮","拴在一起"中"拴"不是"栓","精彩"中"彩"不是"采","张元幹"中"幹"不是"干",等等。

2.繁体字未简化。

"两阕词"中"阕"不是"闋","力士传呼觅念奴"中"觅"不是"覓","谯"不是"譙","山上有栖鹘"中"鹘"不是"鶻","王铚"中"铚"不是"銍",等等。

3.引文差错。

"青取之于蓝而青于蓝"不是"青胜于蓝";"虽信美而非吾土兮"中"土"不是"士";"味之者无极,闻之者动心"中"味"不是"品";"执手相看泪眼,竟无语凝噎"中"凝噎"不是"凝咽";"都门帐饮无绪"中"帐"不是"账";"无人惜从教坠"中的"从"不是"人";等等。(单字差错也可归到错别字一项中。)

4.标点差错。

(1)文中多处反问句误用句号,应为问号或者叹号;当分层次介绍时,应用冒号统领各个分号,而不是逗号。

(2)文中多处间隔号用法差错。如李清照《声声慢·寻寻觅觅》精赏中,间隔号的用法明显有误。我们知道间隔号有三个用法:一是标示外国人名或少数民族人名内部的分界,二是标示书名与篇(章、卷)名之间的分界,三是标示词牌、曲牌、诗体名等和题名之间的分界。这里显然是第三种用法,但间隔的内容却是词牌和首句,显然是不合乎规范的。改法建议:李清照《声声慢(寻寻觅觅)》精赏。

(3)文中多处括号位置差错。括注应紧随所注释内容,而非置于整段或者整句之后。如,“宋季而始极其变,姜尧章氏最为杰出”。(《词综》)显然,句号应在括号之后。

5.其他差错。

文中多个词语涉嫌生造,如诉愿、兜露、块然兀立、结穴、孤露、吐诉、绮靡等;部分生卒年差值与享年年龄数值不对应,已经指出;部分引文与手头资料上的引文有出入,也已标出;等等。

第二节　图书校对中常见问题汇总

上一节中简述了要做好校对工作需把握好的着力点和切实的努力方向,想必会或多或少给校对工作带来些改观。既然理论是为实践服务的,那么,下面就来列举一下笔者在日常工作中依据业已总结出来的经验所做的努力、尝试,这是对上文所介绍的总体思想或者勉强说是校对方法的切实践行,是来自各科教辅、教辅外的一般图书、辞书等三个方面的第一手资料,虽不全面,但都有一定的共性和代表性,而且需要指出的是,这些差错与常见的诸如错别字、知识差错、逻辑差错、数字用法差错、标点差错等有所区别。下面所列各点是一个资深校对应当发现并纠正或者指出的差错,希望对校对同仁有所帮助。

1.教辅类图书校对时的注意要点

常规差错如错别字、标点差错、知识差错与逻辑差错等,在各种资料中都有涉及,有的还比较完备,这里就不再列举和重复,现仅将教辅中常见的有一定代表性的差错陈列如下:

(1)题目表述和题目内容背离,二者务必保持一致。如:题干是“读短文,完成练习”,而内容是一篇诗歌;题目中说是解释加点的字,而题中有加点的词语,应用总括性说法涵盖题目内容,可改为“解释加点的字词”;题目中是填空,而题干是判断或者选择;等等。

题干应涵盖题目,是题目严密性的前提,前提不成立,就会产生自相矛盾的现象。从另一个角度来讲,这样前后不一致的差错,也可以判定为逻辑差错,若严格按相关规定,可以按 2 个差错计算。如果题目出得紧扣教材,并且新颖充实,仅仅因为表述不统一就被断定为质量问题,实在可惜。校对此类稿子需要看题干后,再快速扫视一下题目中的类型,看是否相符,基本上就可以发现并消除这些差错。

(2)同样的题干前后表述不一致,应保持一致。比如:前面是“选择填空”,后面是“选择”;前面是“列式计算”,后面是“列竖式计算”;前文是“阅读短文,完成习题”,后面是“阅读短文,回答问题”;等等。

这与第(1)条中所述的差错同属标题类差错,但属于不同的类型,如果计错,应计相关项目不一致比较合适。在教辅类图书中,这样的同类标题应该使用一致性表述,这与灵活性无关,而是一种规范性和严谨性的表现。

(3)表述和内容中的逻辑性。

①小朋友们为了保证身体健康,要少吃零食和糖果。

②我多么盼望和家人一起共度重阳节。

③它是近几年地域文化热潮中涌现的新成果。

这三句话乍看起来似乎都没有任何问题,但细究起来就会觉得问题严重。第①句话中,零食的内涵是“正常饭食以外的零星食品”,外延有食品的属性;而糖果的内涵是“糖制的食品”,外延也有食品的属性,所以二者在外延上有交叉重合之处,当断定为二者交叉关系并列不当,可直接改为“糖果等零食”。第②句话中,初读会觉得在语感上不顺畅,问题就在“一起共度”上。“一起”中有“一共”“一同”的意思,“共”也是“共同”的意思,二者属于同义词,而两个同义词同时修饰“度”就显得重叠赘余,删去一个即可使叙述得体,考虑到整句话的语感和表述效果,以删除“一起”为最佳修改。而在第③句中,只要明了“涌现”一词的用法,就会很容易发现其中的谬误。“它”作为成果,是单个项目,而“涌现”的必是成批的事物,所以在逻辑上存在严重的不对应性。逻辑型差错往往深藏不露,若不深究,恐难揪出差错,而使该校次的校对效果大打折扣。读者可尝试找出以下语句(均出自教辅)中的逻辑差错:

①本文把秋雨比喻成生活中常见的东西和事物。

②要主动亲近父母、长辈,能认真听他们讲话。

③枣含有丰富的糖类、蛋白质、纤维素及各种微量元素。

除了在语句表述上不合逻辑之外,在数学类教辅中内容不合逻辑的情况也比较常见。教辅以与教材紧密契合而成为学生巩固学习效果的辅助性材料,与课堂的结合度成为衡量教辅质量优劣的一大标准。而在实际的教辅内容编排上,常出现过早露面的情况,内容上出现“穿越”。比如:

第一,课课练的数学教辅(同步类,并非复习类),正在学整除的时候却突然出现了除不尽的情况,而此时,约等于和余数都远未进入孩子的视野。

第二,针对小学一、二年级的数学测试类教辅,在未学负数的情况下，却突然冒出被减数小于减数的现象；未学方程的小学生，要勉为其难地面对“用方程解决”这样的“无理要求”；等等。

把这样的题目放到小学生眼前，他们想必会对该教辅萌生厌烦心理，从而使学习兴趣受挫，而教学辅助性读物的存在价值也将饱受质疑。教辅的一大特色就是紧扣教材，并且讲究与教材同步，这样才能达到巩固与提高的目的。提前出现学生未接触的知识，是教辅超纲的表现，要坚决避免。发现此类问题，校对务必要提醒编辑进行处理。

校对在校此类稿子时，除了关注细节性的题目差错，还应具备宏观甄别的眼力，否则很难将其消灭在付梓前。

（4）同一类型的留空间距要保持整本书的统一性，比如：造句的题目，词和后面的画线是否留有一字或者半字空；要合并两句话成一句话时，是否隔开或者换行；判断类的题目中，要画“√”或“×”的括号是接排还是右对齐；等等。这些都是间距问题，添加或者去掉空格即可解决。

（5）读短文做练习的题目中，出现引用文中的“我”时，都应该加引号，代表文中的“我”，而不是一般意义上的“我”；若引用短文中的话，必须核对一致；若题目中要求有加点字词，在短文中必须存在加点字词，否则属于表述不一致；括号中的文字字体、字号等应保持一致，比如正文用宋体，括注用仿宋体；等等。

这类习题中还包含一类比较常见的练习类型，即读课文片段完成练习，这就限定了配套教材中的相关篇章，尽管片段内部设题可以形式多样，但片段本身绝对应当与教材中篇章完全相同，有一处差异即可判定为差错。因此面对此类练习，唯一不易出错的方法，就是逐字逐句对照课本，相当于校对方法中的折校法的回归利用。

（6）图文必须相关，如不相关或者不一致，应提醒编辑处理。

这样的差错类型在各个有插图的教辅中都可能出现，是一个共性的差错。造成这种差错的原因，一方面可能是编辑没有意识到或者忽略了图片与文字的关联，另一方面可能是美编在处理图片时并未按责任编辑的要求来放图或者作图。还有一种图文不相关的情况也应引起注意，配图中，由于是作者手绘，需要手写或者自创，往往出现错别字，如“迎”右上部分误成了“卯”，“禄”的偏旁“礻”误成了“衤”，等等。这种差错也是相当典型的差错，须多加防范，尽力规避。

(7)数学教辅中有关方向的题目，须加方向标志。这里有两种情况：一是有的加了方向标，而有的未加，属于不一致；另一种是全部未加。尽管我们已经默认上北、下南、左西、右东的方向模式，但不加方向标志属于设题不严谨或者说是缺项，应当添加，并且同一类的标志格式应该保持一致。

(8)涉及统计表与统计图时，务必保证表与图的相关项目表述一致。这种情况一般出现在统计表与统计图的相关章节，无论是根据统计表绘制统计图，还是根据统计图填写统计表，其中的项目应当保持一致性。比如图的项目中有“组别”“星期”，而表的项目中是“小组”“周”，意思虽相差不大，但显得不太协调，最好保持其名称的统一性。这种不一致还经常出现在表题与图题中。图与表的名字按规范来讲，以只差一个字为宜，其他的都属于不一致，比如“全班同学最喜爱的水果统计表”，下面列一张表格，而在根据表绘制统计图时，统计图的标题应当是“全班同学最喜爱的水果统计图”，其他的说法都是不合乎规范的，甚至是错误的。

(9)关联词是成对出现的，比如“如果……那么”“虽然……但是”等，要注意其使用的完整性。作为词语用法差错的一部分，关联词的错误用法一般有以下两种：一是关联词使用不当，这根据对意思的理解和语感可以轻松判断；二是关联词的另一半缺失，即应当成对出现的，只出现一半，属于首尾不相顾的情况。

（10）表格外框用反线，内线用正线，表格内相关项目的字体、字号应保持一致。这种格式类差错并不是特别引人注意，故而遗漏较多，但从图书的整体体例上来讲，是应当保持统一的。

（11）同一类型的数字用法要保持一致，比如第几、多少岁、多少年等。数字用法在国标中已经有详细阐释，但在具体校对中未必个个都必须按国标执行。和标点符号用法一样，数字用法也体现了灵活性、开放性和与时俱进的特点，大多数情况下只是建议，而不是强制。在图书中数字用法遵循的原则应该是，同一类型的保持一致。按照这个原则去处理，既节时省力，又轻松高效。需要特别指出一点，就是成数的写法。在数字用法中，成数建议不用阿拉伯数字，以用汉字为妥，如“7.5 成”的说法显得不伦不类，最稳妥的表述方法是“七成五”。成数是汉语里边特有的现象，与汉字融为一体较为合适。但无论在出版物中抑或在各类广告语中，用数字尤其是有小数点的数字表示成数的现象屡见不鲜，应当加以规范。

（12）部分教辅如测试卷中设有分值，此时应核算分值的总和是否各卷相同，如均为 100 分或者 120 分，如果不符合要求，要提请编辑注意核对。个人认为，在核对分值上，由编辑来操作比较稳妥，因为即使校对发现了总分值的异样，也不明白多出来的或者缺少的分值如何处理，而编辑会根据题目的难易度合理分配分值，会处理得完善且合乎整个卷面的构成性要求。

测试卷中的另一问题，即序号的对应性。比如，卷子前面会以两行多列（第一行是题序，第二行是空格，以便填写分值）的表格形式列举题序，此时，表格里的题序应与卷面总题序保持一致。举一个例子，卷面总共是 12 大题，如果表格中不是 12 而是其他，就属于编校差错。

(13)英文单词的校对方面,美英的拼写方法有差异,同一单词要保持一致,比如 meter(metre)、neighbor(neighbour)、color(colour)等。除此之外,英文的拼写差错、大小写差错在平时校对中也较常见,针对这样的差错,黑马校对软件就有巨大的用武之地,可以让它助校对一臂之力。而语法类、时态类差错,则是必须依托校对人员来改正的。

(14)序号出现跳跃等不连贯情况,应当理顺并修改。序号大致包括题序、图序、表序等三大类。序号差错常见的有以下三种:第一,顺序性差错,比如从第 5 直接到第 8,中间缺少两项序号;第二,序号多余,比如在一个项目下面只有一个列举项时,就不应当再加任何序号,如果加就是多此一举;第三,序号的涵盖层级出现偏差,规范的层级由高到低依次是"一→(一)→1→(1)→①"。序号差错是相对简单的差错,稍加留意即可避免。

(15)背题现象出现时,应明确指出。背题是由于排版需要而把标题与内容割裂开的一种现象,比如题干在上一页,而题目的内容在下一页,这时应该提醒编辑规避,或调整题目的顺序,或者压缩题目,或者相应删减,以防止此类现象的发生。这里需要强调一点:和单字成行一样,加一字太多,减一字太少,单字成行不可避免,那只能保持原状;背题现象出现时,如果无论怎样处理都难以绕开,就只能退而求其次,让它继续"不正常"地存在了。比如,题目都已经完善,删减绝不可能,增加更是难以实现,而动一处则可能影响整个章节动版以至整本书印张变动,进退两难之际,也就只有无奈地听之任之了,因为这个小小的瑕疵是无伤大雅的。当然,最好的处理办法是灵活处理以合理回避。

需要指出另一种现象,这种现象虽然不是背题,但与背题的性质如出一辙。如连线题。连线题的上半部分在上一页码,下半部分在下一页码,题目中要求连线,如连线组词语、连线找相同等。

这种情况，其实相当于将题目生生割裂开来，导致学生无从下笔。要保证连线的顺利实施，就要保证两个部分在同一平面内，即在同一页上，否则只能“望题兴叹”而无可奈何。

（16）对话框中的文字格式应统一。为了使教辅类图书图文并茂，增强其生动灵活性，一般在设题时增加了对话框。对话框中的文字字体、字号乃至颜色都应保持统一，有的教辅码数较多，应当避免出现顾此失彼的情况。

（17）数学教辅中的图片应引起足够重视。常见的差错：图片中标注的数据比例不统一。如一个长方形的长为 7cm，宽为 4cm，但图片上画的长明显是宽的 2 倍还要多，显然失实；图的位置在题干的正右方，题干中却说“如下图所示”，表述方位欠妥；要求一个未知角的度数，这个未知角上却带着直角标志，等于不用求就给出了答案；描述图形的顶点时，各大写字母应用斜体显示；在有比例尺的配图中，除了保持各长度之间的比例外，还要保证单个长度与比例尺的对应性；在有关坐标类和数对的章节中考查地点的位置，某个地点的标志应与地点本身相符，比如医院的标志、加油站的标志等。

（18）部分表述及字的用法应与教材保持步调一致。如：学到乘法一章时，有的教材称其中一个数为乘数，而有的教材称其为因数。除了与教材一致，整本书稿内部也要保持一致；“做”与“作”的用法问题也延伸到了教辅中，不可一概地改为目前推行的《现代汉语词典》的推荐词形，而要根据教材来决定，如“看做”“叫做”如果是教材中选用的词，则无须修改。在面对此类问题时，应当在第一处标注，并在随后出现的相应表述下画线，提请编辑统一核对教材后处理，否则改来改去，对编辑和校对的精力都是一种白白消耗。

（19）注意设题是否合理。此类问题在数学类稿子中比较常见。这类问题需要根据已知条件计算出结果后方知其不合理之处，也就是说，题目本身在表述时是没有任何问题的。这就增加了这种差错的隐蔽性，从而令人难以发现。比如：计算小学生的百米跑速度，结果为 7 秒多，比当今的世界短跑冠军还要快，完全超出了人类奔跑的速度极限；相遇类题目中，竟然让一个人徒步行走 100 千米；计算出的操场面积竟然比天安门广场的面积还要大；等等。此类差错隐藏在题目中，单纯就数学计算来说，是完全正确的，但若设题脱离了生活，教辅就失去存在的意义了。

(20)选择题中会经常出现这样的情形，即选项填在括号里后整句话表述出现异常。如一个简单的小学数学选择题：

圆有(　　)条对称轴。

A.1 条　　B.2 条　　C.3 条　　D.无数条

很显然，在四个备选项中，正确答案应该是 D，但将 D 填入括号后会发现，多出一个量词“条”，所以最简洁的办法就是删除括号后面的“条”字。此类差错亦比较常见，因为题目与答案不是同时校对的，所以往往被忽略。处理此类问题时，应将备选答案代入题目中，错误便无处藏身了。

(21)部分题目有失实性情形，这种情形与设题的合理性无关，而是一种明显的不真实情况。如下面两例：

作为 2016 年秋季用的教辅，在统计类的题目中，出现了 2016 年四个季度的月平均气温，显然过于超前，因为该年度并未结束。出现这样的失误，暴露了设题者存在生编硬造的嫌疑。

在某些应用题中，要计算 2 月的用电量或者用水量，却在题目的最后加上括注“每月按 30 天计算”。这本来是提醒学生注意一个月的天数，从而求出平均每天的用电量或用水量，括注本身却出了问题，因为大家知道，即使是闰年的 2 月，也只有区区 29 天。

这样貌似无懈可击的表述，恰恰是真正的症结所在。在校对时一定要多角度思考,而不是仅仅停留在题目本身。

(22)所附答案的位置出现异常情况。如,有的测试卷类的教辅,答案出现在封底上,而封底往往和正文采用不同的纸张,显得过渡极不自然。除过渡不自然之外,这样的处理也显得相当不严谨。虽然没有明确的相关规定禁止这样的做法,但出于出版物的整体质量考虑,还是应当避免的。出现这样的情况可能是因为整本书的印张所限,增加印张一方面会增加成本,另一方面也导致出现空白页面,与整体的设计相抵触。但相对于教辅的整体质量而言,增加印张带来的追加成本就显得微不足道了。

(23)题目的内容过于陈旧。教辅要紧跟时代步伐,才能显示出新颖的特点,但往往有些内容一再出现而未作任何更改。比如:汶川大地震已过去多年,题目还涉及为汶川灾区同胞捐款;北京奥运会已经成功举办多年,题目中依然拿火炬手传递的距离说事;更有甚者,还拿2000年前后的某年(如2003年)的月平均气温来让绘制统计图;等等。设题者似乎除了这些早已成旧闻的事件外无例可举,难道去年的月平均气温不能用?这类问题,不能算作真正的校对问题,只能按设题优劣来评判,若编辑在加工时稍加留意并略作修改,就不会有这样的缺憾留存。

(24)重复也是一个常见问题。算式重复易在数学教辅中出现;而把汉字或者词语归类时,也有同一字或者同一词语重复出现的情况。这些重复均应当避免。

(25)教辅在局部修订时,如果更换其中某一篇或某一章节,务必要与目录同步修改,否则会导致目录与内文不一致,造成本可避免的质量事故。即使只是在章节中有细微改动,也要保证与教材的严格一致性。

(26)排版制作时,由于一些试卷是套用既有的版式,相关人员如果不谨慎,就会误套,如把一年级的试卷格式套用到三年级中,致使页眉、试卷标题、目录、封面上的相关内容不一致。

(27)一些教辅在换开本时，页码出现严重偏差。如将原来8开的换为16开，则相应页码要翻倍计数才是正确的。同时，目录也要做相应修正。像页码这样顺序性极强的数字，可谓牵一发而动全身，故而必须保证序号正确且数字格式规范。

笔者搜集了几例教辅中易出现的简单的常识性差错，还请各位同仁在工作时多加留意：

①在一些教辅类图书中，有时为了美观和巩固知识的需要，设计了信封，此时有两个关键点需要注意：一是应当留有“贴邮票处”；二是左上角的空格应为6个，因为我国的邮政编码是六位，少一个或者多一个都是不合规范的。

②钟表中的时针和分针应该在时间上严格对应，如果时间是4点半，分针应该指向6，时针应指向4和5正中间，其他位置都是不正确的；算盘横梁上的珠子保持2颗，横梁下的珠子限定为5颗；每一个数位上的数绝对只能是个位数。

③插图中，五星红旗上四颗星的一角应指向大星的中心；电话机的按键中缺少数字0；计算器上的OFF键误为OF，ON误为NO；等等。

④求甲比乙多多少或者甲比乙重多少(负数除外)，前者务必要大于后者，否则就属于自相矛盾的谬误。

⑤无论是照样子连一连还是照样子写一写，都必须有例子和样子存在，否则，题目本身就缺乏了应有的严密性。

⑥在表述时，常出现所述位置与实际位置不相符的情形，这与文图不符不属于同类差错，却极为常见。如：“下图所示是操场示意图”，实际的图却在右侧出现；“场地简图如右”，图却赫然出现在下方；等等。

⑦按从小到大的顺序排列，格式应该是“……<……<……<

……<……”;按从大到小的顺序排列,格式应该是“……>……>……>……>……”。

除上述易错点之外,当结束一本教辅的校对时,应当核对目录,并顺一下题目序号、页码,并且确认一下自己改的是否妥当,要确保自己改的是正确的,而不是将错的改成错的,甚至将对的改成错的。

2.教辅之外的其他图书(可称为一般图书)校对时的注意要点

一般图书中出现的差错类型数量不在教辅之下,并且需要校对关注的方方面面可能更为繁杂,至于一般性差错如错别字等就不费笔墨了,因为单单错别字在笔者单位内部已经总结有数十页之多,一一列出不太可能也没有必要,有时一本书稿中的差错就相当集中,甚至可以当作校对入门的学习材料:

“毛茸茸”不是“毛绒绒”,“看得见”不是“看的见”,“时不我待”不是“时不待我”;现在是双休,约定时间时不能简单地说周末晚上几点,应明确周六或者周日;“水龙头”不是“水笼头”,“哄然大笑”不是“忽然大笑”,“之所以”不是“只所以”,“模仿”不是“摹仿”,“沧桑”不是“苍桑”,“不尽如人意”不是“不尽人意”,“分量”不是“份量”,“混沌”不是“浑沌”,“粗犷”不是“粗旷”,“画句号”不是“划句号”,“自出机杼”不是“自出机抒”,“宣泄”不是“渲泄”,“捕捉”不是“扑捉”,“景象”不是“境象”,“虽不能至”中“至”不是“之”,“江月年年只相似”中“只”不是“照”,“无名”不是“无明”,“洋洋洒洒”不是“扬扬洒洒”,“成分”不是“成份”,“遐想”不是“暇想”,“拥揽”不是“拥览”,“张弛”不是“张驰”,“擦拭”不是“擦试”,“云冈”不是“云岗”,“中医炮制”不是“中医泡制”,“一支烟”不是“一只烟”,“端详”不是“端祥”,“花哨”不是“花俏”,“炭”是实物而“碳”是元素,“名分”不是“名份”,“有创见”不是“有创建”,“经验老到”不是“经验老道”,“火烧连营”不是“火烧联营”,“诡诈”不是“鬼诈”,“表明”不是“标明”,“裨益”不是“俾益”,“斗转星移”不是“星转斗移”,“跻身”不是“挤身”,“比如”和“像”不连用,“形状”不同于“行状”,“承袭”不是“呈袭”,“一棵树”不是“一颗树”,“琵琶”不是“琵笆”,“心躁手痒”不是“心燥手痒”,“温文尔雅”不是“温文而雅”,“迸出火花”不是“崩出火花”,“大概”不是“大慨”,“不止一个”不是“不只一个”,“像什么一样”中“像”不是“象”,“引申”不是“引伸”,“佛手”不是“拂手”,“一副形象”中“副”不是“幅”,“莱布尼茨”中“茨”不是“兹”,“集……于一身”中“于”不是“与”,“黏性”不是“粘性”,“慰藉”不是“慰籍”,“跌宕”不是“跌荡”,“节奏”不是“节凑”,“凝练”不是“凝炼”,“色阶”不是“色介”,“不承想”不是“不曾想”,“疟疾”不是“虐疾”,“噗的一声”中“噗”不是“扑”,“有电危险”不是“有点危险”,“无臭无味”中“臭”不是“嗅”,“气球飘浮”中“飘”不是“漂”,“刹那间”不是“霎那间”,“买菜”不是“卖菜”,“做事”不是“做是”,“澡堂”不是“澡塘”,“像……那样”中“像”不是“向”……

由以上可见,差错是无法全部列举的,我们平常的积累也只是记录下容易遗忘或者记忆不牢的差错,而不是将所有发现的差错都无一遗漏地记录下来。至于常见的错别字,在本书附录部分会有详细列举。下面只择要列举一般图书常规差错之外具有共性的易错点。

(1)图书的封面、扉页、书脊三处,国外作者应当加国名,我国古代作者应该加朝代名,比如[美]海明威、[清]曹雪芹。加上国名或者朝代名,一方面是为了保证对作者的完整性呈现;另一个重要方面,是要与版权页上的CIP数据保持一致(CIP上这两处都是加注的)。给这两处差错定性为缺项不太合适,应当判定为相关项目不一致。但无论哪种差错,在《图书编校质量差错率计算方法》或其细则中,都要按1个差错处理的。

(2)以整套丛书出现时,封面和二封及书脊应加丛书名称、主编名字。封面、二封必须出现的要素:书名、作者名(外文得有译者名)、出版者名。而在书脊(厚度大于5mm要设计书脊)上必须出现书名和出版者名,如空间允许,还要设计作者名、译者名等,这在国标《图书和其他出版物的书脊规则》上有明确规定。

(3)汉语拼音是拼音体,并且以词组为单位分隔开来。这种要求在图书封面上涉及最多,而最为常见的差错有非拼音体拼写、该大写的未大写、该留空的未留空等。

(4)版权页中CIP数据的对齐格式为三空行;拐行时前空二字,且符号不得出现在行首。整体来说,CIP数据用三空行分为四部分,即图书在版编目标题、著录数据、检索数据、其他注记。可以参照国标《图书在版编目数据》来避免失误。需要特别说明的是,CIP为新闻出版广电总局CIP中心发放,其内容已经确定,在校对时,只需要比对原始数据,但对相关符号的用法务必加以规范(如一字线、半字线),一般情况下就可以确保万无一失。

(5)图书的正文与封面往往无法达到同步,内文的版式设计与封面设计也往往无法同时送达校对。这样一来就容易出现一定的偏差。封面和内文不在同一时间送至校对,被人为割裂开来,导致校对无法核对封面、书脊、扉页、版权页,甚至无法核对版权页上的国际标准书号与封底的条形码是否吻合,而任何一处不一致,都属于编校差错。故而在成书前应有一个宏观的整体概念,由责任编辑或者责任校对负责整体核对相关项目。

(6)图片与文字的契合性和图片位置的规范性。图文一致不仅是教辅中的要求,而且在其他图书中也同样重要。以文字为主的图书,图片是有效补充,使之更丰赡完美;以图片为主的图书,图片的功用自是无可替代。至于图片的位置，遵循的原则就是文前图后，图片切不可在文字之前出现。在串文图中，还应该注意避免图片堆积，体现出排版的灵活性和设计的美感。

(7)表格的续表格式。在行文中，为了详细说明一个问题，或者为了列举某类数据，往往要设计表格，表格的形式以竖排表居多，偶尔有横排表，罕见有和合表。一个表格不足以说明问题时，就要设计续表，续表要遵从一个相对权威的标准：表格需要封口，不过最下边的线是正线，同理，下页的续表也需要以正线开始，必须带表头，最后以反线结束。

(8)各章节书眉应一一对照；对于背白页面，不可加页码及书眉。在对照目录时，用目录来折校对比内文是较有保证的方法，而左右互看的方法有遗漏的风险。对照书眉时，除了章节名对应外，还应遵循“双高单低”(双页码的级别比单页码高，如双页码是章名，单页码是节名)的原则。有的书稿在分章时，往往在单页面显示章名，而把双页码设置为背白页，背白页不需要设置书眉和页码，如果随意添加，则会因多项而致误。

(9)整体序号(包括章节序号、章节内部序号等)要顺一遍。这与教辅类图书的注意事项类似，可以参照相关陈述。

(10)各级别标题及题干的字体、字号、字空要保持一致，需统一核对一遍。一般图书和教辅类图书一样，需要美编的设计参与，同一本书中往往会采用不同的字体，但无论采用哪一种字体，同一级标题版式要保持一致，这一点与杂志不同，正是这种不同，才突出了图书的整体统一性。比如篇章名用黑体、节名用标宋、正文用宋体、页眉页脚用其他美术字体等，都是需要通体把握的。

(11)对正文中的内容(如人名、地名、事件等)加脚注时，应当在第一次出现时加注，而不是在此后的任何一次；加注时，要保持注释文字的格式一致，一般以每页为单位添加脚注为宜。

(12)注意一些集合名词的误用情况。集合名词统指一类人或一类事物,只能单独使用,前面不能冠以数量词来修饰,如“干警”“岛屿”“书籍”“词汇”等,不能说“一名干警”“一座岛屿”“一本书籍”“一个词汇”。在处理此类问题时,应避开这样的误用,如果必须在前面加量词,则后面分别可改为“警察”“岛”“图书”“词语”。此类差错会越来越多,要及时跟进总结。随着积累的点越来越多,遗漏的点将越来越少,校对的技能也将越来越高。

(13)对一些惯用说法要保持警惕。有些说法我们口头或者日常生活中经常用到,已经成为习惯用语,貌似无任何问题,其实从语言学角度来讲是不正确的,如“凯旋归来”“并非是”“是否是”“差距悬殊”“不必要的麻烦”等。这些说法,因为经常出现并且人们都未加怀疑,所以时常出现在各类出版物中,细究起来,它们都是有重复之嫌的。“凯旋”即胜利归来,后面又加了“归来”二字,构成重复;“并非”的意思是并不是,后面又加个“是”字,那到底是“是”还是“不是”,真是莫衷一是;同理,“是否”的意思是“是不是”,后面依然续貂式地加个“是”字;“悬殊”意为相差很远,再冠以“差距”难免赘余;“麻烦”从来就是不必要的,如果麻烦是必要的,想必麻烦就多得难以计数了。人们的语言习惯一定程度上左右了语言的发展,久而久之,便习非成是、见怪不怪或者见错不错了,但从语言规范和编校质量角度考量,还是应当指出并加以修正的。

(14)词性误用的情况值得一提,比如“美味”“智慧”等,经常被误用为形容词。如下面两例:

①今天的饭菜简直是太美味了!

②要做一个聪明的人、勤奋的人、智慧的人。

出于词性和表达的整体性考虑,可分别把这两个词改为“可口”“睿智”。

(15)要妥善处理网络用语和外文词。网络世界异彩纷呈,各种资讯铺天盖地,其交互性、便捷性、即时性,令无数人着迷并渐生依赖。在这样的世界里,网民们可以摆脱现实的束缚,任思想的野马在网络原野上纵横驰骋,任个性的风帆在网海里恣意冲浪,从而也衍生出了不少网络用语,比如:偶、眉眉、搜嘎、涨姿势、人艰不拆、不明觉厉、十动然拒等。这些字词在正规的辞书中均得不到收录和承认,但在网络世界里却大行其道,并且因其新颖别致、富含创意而受到网民热捧。此外,不少出版物中,以偶尔蹦出来几个外文词(如,你太 perfect 了,我们去 happy 吧,你看 right 不)为时髦,并且在某些图书尤其是文艺类图书中还比较常见。

这些情形,从一个侧面体现了汉语言的灵活性与包容度,也令网络或者图书平添几多情趣,但作为正规出版物,应慎用或者不用。若无法回避,不得不用,要做到以下两点:第一,可以考虑用相近或者相似的规范语来替代;第二,必要时,应加括注说明。而对于一目了然的外文词,在文艺类行文中可以适当穿插,但不可过度。网络用语和外文词作为汉语言宝库的补充,有其积极的一面,要辩证地加以利用,宁缺毋滥太草率,宁滥毋缺太绝对,适度吸纳才是恰到好处。

(16)标点符号用法在国标上已经有详细叙述,并且在相关的资料中都可以找到比较具体的阐释。在这里只说下易错的特例。

例一　(插入语时标点的用法)

“小刚,慢慢上,免得掉下来。”小明喊,“红红,你可要放好风,万一大人来了敲一下墙!”

上述例子是个插入语标点用法的典型。对于插入语,用逗号毫无疑问,但应该注意的是,这里小明说话的对象已经转移,再用逗号作为插入语处理已经不妥,可以有两种处理方法:

①“小刚,慢慢上,免得掉下来。”小明喊过后,转头对红红说:“红红,你可要放好风,万一大人来了敲一下墙!”

②小明喊:“小刚,慢慢上,免得掉下来。……红红,你可要放好风,万一大人来了敲一下墙!”(省略号是为了突出停顿感,如无停顿,可删去)

例二　(中英文翻译时标点的差异)

“She’s coming,”he whispered.翻译成中文应是:

“她来了。”他低声说。

原句中的逗号变为句号,这就体现出了中英文标点的对应性与差异性。此外,英文中的逗号有时等同于汉语中的顿号,英文中的一字线相当于汉语中的破折号等,在翻译时应灵活掌握。

此外,竖排时标点的用法也有一定的规范,在使用竖排标点时不可过于随意。有不少因为版式设计需要或者其他方面考虑而要求竖排,但存在标点用得比较混乱的情况。双引号竖排的格式为“﹃”“﹄”,单引号竖排的格式为“﹁”“﹂”;斜线竖排格式为“\”,不要误为“/”;书名号如果偶尔出现,也可以保持原状“《》”,但对于古籍类图书中书名号用得较多的,应用“__”。其他的标点一般保持形体不变,但除了破折号、省略号、连接号、间隔号、分隔号等居中排外,其他标点(如逗号、顿号、句号、叹号等)都是靠右下排。

(17)灵活对待规范,注意尊重习惯性用法。如,我们在描述一个地方的面积时,往往是“长……宽……”而不是“宽……长……”;说“优势与弊端”,而不说“弊端与优势”;说“大小商场”而不说“小大商场”;等等。生活中尤其是口语化的情景中,描述质量时,用斤而不用克,去菜市场买菜说买几斤菜而不是说买几千克菜,尽管千克是国际通行单位;在一般性的不太严肃的描述中,说电、气温时,用度做单位更为接近生活实际,而不必像老学究似的说“我们家这月用了100千瓦时电”“今天真热啊,可能有30多摄氏度”;等等。在图书中,我们讲究规范无可非议,但不接地气、脱离生活,就违背出版的初衷了。反过来说,在尊重习惯的同时,我们也不能不遵守相应规范,所以有种灵活处理的方法可以参照,即加括注以两全其美,如:

她的体温是37(摄氏)度。

这个月共用60度(千瓦时)电。

这样就无懈可击了。

(18)注意繁简体转化时的严格对应性。在某些图书中,会偶尔出现繁体字,也可能图书全文都采用繁体字,这个时候,我们就要特别注意繁体字的正确用法。一个字的繁简体可能相同,而一个简体字可能对应有两个或者两个以上的繁体字,此时判断其正确与否的唯一标准就是表义是否对应。如:表示“说”的意思时“云”的繁体字是它本身,即“云”,但表示自然现象中“风云”的“云”时繁体字是“雲”;表示“头发”的意思时“发”的繁体字是“髮”,而表示“发生”的意思时“发”的繁体字是“發”;表示“里面”的意思时“里”的繁体字是“裡”,而表示“里程”的意思时“里”的繁体字是它本身;“松”的繁体字有“松”和“鬆”,前者表示一种植物,如松树,后者表示“放松”“松开”等含义;等等。在繁简转化时,一定要据其意来判定,切不可想当然地以为繁简是绝对一一对应的而进行“拉郎配”,否则意思将相去甚远,不仅造成差错,还可能会闹出笑话。

(19)辩证地看待成语活用。成语是固定形式的词或短句,表示固定的含义,一般情况下不随时代的更迭而变化,故而有其规范性和不可更改性。但在诙谐性的表述或者某些风趣类型的文艺作品中,对成语“偷梁换柱”会起到意想不到的表达效果。如:“咳不容缓”取自“刻不容缓”,表示咳嗽后的一种紧迫情状,容不得半点拖延,要抓紧治疗;“一部到位”取自“一步到位”,常用来形容家用电器或者图书等,如手机一部到位、工具书一部到位,形象生动又不失雅趣;“望楼兴叹”取自“望洋兴叹”,形容对飞涨的房价无可奈何,借用巧妙,不露痕迹,且描摹得惟妙惟肖;等等。对待此类成语活用,不可一刀切式地全部按工具书上所示一一纠正,单纯从差错角度考量,属于窜改成语,但从修辞方面来看,又不失一种完美的借用。所以要视具体语境和具体情形来看,不可将这种鲜活的表现形式扼杀在我们自以为是的笔下。

(20)对于一些“不合规范”的字的处理。有一些汉字,在目前通用的《现代汉语词典》和《通用规范汉字表》中均无收录,但在实际工作中会偶尔遇到,比如囧、旼、炏、烎、槑等,对于这样的情况怎么处理呢?

如果删除,明显是对作者的创作不太尊重;如果保留,似乎没有足够的论据来支撑,那就不妨灵活处理,以表述来替代本身,如囧(音 jiǒng,表示窘迫)、旼(日字旁加个文字)、烎(上面开下面火)、槑(左右各一个呆字)。最好的办法就是用拼音代替后,加类似以上的括注。如“他 méi(左右各一个呆字)得厉害”。这样不仅保持了原作的含义,而且避开了相应的规范,可谓一举两得,在具体编校中偶尔遇到此类字时不妨一试。

(21)关于汉语拼音问题的提醒。国标《中文书刊名称汉语拼音拼写法》中规定:“国内出版的中文书刊应依照本标准的规定,在封面,或扉页,或封底,或版权页上加注汉语拼音书名、刊名。”在加注汉语拼音时,要遵循一定的原则,最稳妥的办法是全部大写,以词为单位隔开。这样处理可以避免大小写、声调等出现的诸多失误,确保其正确性与规范性。

此外,拼音等线体和英文字母的各种字体比较类似,经常有混用的现象,应详加区分。至于其他有关拼音的规范,在后文中会有所涉及,此处不再细述。

(22)漫画类图书中的三类典型校对差错。

随着浅阅读和快阅读时代的到来，人们越来越青睐图多字少的图书，漫画书便越来越经常地进入大众的阅读视野。漫画书中的编校差错除错别字、知识差错、标点差错等常规的差错外，还有漫画书特有的一些差错，这里挑选三种简要叙述如下。

①话框错位。本应是甲说的话而话框指向乙，本是男性的话而话框指向了女性，这种张冠李戴的现象数见不鲜。在漫画中，话框是极其重要的组成元素，校对应注意体会每个人的语言是否与其身份吻合。

②用语不当。人物对话中，首先要用口语，尽量不用或者少用书面语。在自称时用谦称，称呼别人时用敬称，用语要合乎时宜并契合人物身份。比如，在一本漫画历史的图书中，一位大臣向君主进言时说："神宗，臣窃以为这样不妥……"我们都知道，所谓的唐宗宋祖，都是在皇帝死后由后人依据其平生功绩给予的称呼，皇帝在世时是没有这种称谓的，在句中应称"陛下"或者"皇上"等才妥当。在这本漫画书中还有类似的一处谬误。皇后说："哀家日夜担心陛下，寝食难安。"此例中，"哀家"是丧夫后皇后或者贵妃的自称，此时皇帝仍健在，用此语实为大逆不道，依据当时律例，有被斩立决的可能，此处应用"臣妾"或"妾身"较为稳妥。

③图中差错。一般来说，绘图者在绘图时，都是切合作者的意图的，但有的时候会出现前后不一的现象。如：前文中一主角的发簪是头左尾右，而到下文中是头右尾左；同一个人物，同一个场景，书中人物的冠带时长时短，坠珠忽多忽少，服饰上的裾状下摆时有时无。出现如此偏差，是严重失当的。还有诸如颜色、事物类型、人物数量等，也是需要关注的要点，这里不再一一列举。

（23）图画书（区别于漫画书）校对中应注意的问题。

①文前图后的原则性

文前图后作为图书出版中的明文规定，符合阅读的认知规律，在以文字为主的图书中,图画作为文字表述的有效补充,理当放在相应的叙述文字之后,显示出如此编排的合理性;而在以图画为主要内容的图画书中,插图的作用将更为显著,当然更需要秉承这一原则。而在实际的编校工作当中,时常会遇到违背这一原则的情形,有的甚至出现图片与文字无节奏、无规律混排的现象,给人以杂乱无章的感觉,尽管无伤大雅,但有不合乎规范之嫌,应当避免。这种情形,在串文图中较为常见,而满版图一般可以规避。

②图文的对应性

在文前图后的前提下,图文是否对应将直接影响编校质量,如果出现图文不对应的情况,按照《图书编校质量差错率计算方法》中的相关规定,是要计 2 个差错的,故而必须引起高度重视。现列举几种常见的图文不对应的情况如下:

第一,图片与文字表述无丝毫关联。该类差错出现的概率并不高,可能是排版误排造成的,一旦出现这样的谬误,便是图画书中的硬伤。比如,正文中表述一群孩子在兴高采烈地做游戏,并用"有的……有的……"的排比句式列举了诸多活动,但图片却是一座山或一处自然风景,根本没有显示出孩子活动的场面,更传达不出文中的意蕴;前文提及主人公随母亲逛了超市,而紧随其后却赫然出现书店的大幅插图;等等。此类差错突兀出现,令整本图画书骤然减色,也会给少儿读者带来一连串的疑问,愉悦的审美阅读感觉可能因此顿然减少。

第二,图片与正文的相关表述局部不一致。相比较而言,该类情形比较常见。由于文字作者与插画作者一般是相互独立的,所以在各自创作的过程中,难免会有不呼应的疏漏情况。比如,前文有关于窗帘如何漂亮多彩的描写,而插图中只有窗户而未挂窗帘;文中描写书桌与椅子整齐地摆放在教室里,而插图中显示的并不是一把椅子,而是一个小板凳;文中描写的卡通人物戴帽仗剑,而紧随其后的配图中帽子已然消失;等等。在校对该类差错时,除了对前文的描写有一个比较全面的把握之外,还应对图片中的细微之处进行仔细甄别,以免因图片局部的描绘缺漏出现图文不对应的失误。

第三,彩色图片的着色与文中描写不吻合。该类差错出现在彩色插图的图画书中,有其一定的缘由。出版单位为节约成本,在出校样时,打印的都是黑白稿件,导致错漏出现在成书中。比如,文中描写小朋友玩一个黄色的皮球,打印彩样时,皮球可能是红色的或者是橙色的,抑或是白色的,显然与相关描写不符;前文写一个可爱的小女孩穿着带有蓝色圆斑点的红色连衣裙,后面的插图中连衣裙却是蓝底白斑点;等等。要将此类差错消弭于萌芽状态,就必须做好黑白样与彩样的过渡衔接,并在付印清样上认真核对相关颜色。而编辑和校对人员也必须具有一双识别颜色的慧眼,将图中的颜色与文中的相关表述一一核对,并在提交排版制作时详细注明,以确保无误。

③语言少儿化的灵动性

图画书以图片为主,图多字少,故而文字的轻松、活泼便显得相当关键。少儿化的语言不仅令图画书锦上添花,而且令小读者易于并乐于接受。尽管图画书为成人创作,但成人化的语言是不适合出现在图画书中的,否则便给人以不和谐的缺憾感。试举几例对比如下:

a.她看上去文雅恬静,让人有亲近的欲望。(成人化)

她看着那么文静,让人很想上前用手拉一拉、摸一摸。(少儿化)

b.他艰难地站了起来,无助地望着四周。(成人化)

他慢慢站起身,很吃力的样子,看上去很孤独,他多想让妈妈快点出现啊!(少儿化)

c.小明对爸爸朝思暮想,有时还在梦中呼唤着爸爸。(成人化)

小明多想爸爸啊,他真想马上见到爸爸,一头扎进爸爸怀里。(少儿化)

从以上举例不难体验出,在语言的运用与表达上,成人化语言过于规整、严谨,一定程度上还略显生硬;而少儿化语言则生动、可爱,字里行间透露着天真和调皮。显而易见,少儿化语言更合低龄读者的口味。语言风格与作者的行文风格息息相关,作为编辑和校对人员似乎不应过多修改涉及风格的词句,但语言少儿化作为图画书的一个显著特征,是需要作者、编辑、校对三方通力合作协同才能显现的。

④汉字注音的规范性

部分图画书为了方便低龄孩子阅读,为全文加注了拼音,也使孩子在阅读时利用图书提供的条件自助,提高阅读的效率,提升阅读的兴趣。在拼音类稿件中,容易出现编校差错的有如下几种情形:

第一,拼音的变调。在注音类图书中,“一”和“不”有标注原调和变调两种模式,但从发音的科学角度来看,变调更适合汉字的发音规律,从头至尾标注原调,虽可以“一劳永逸”,但难免给人以不灵活的呆板感。作为少儿读物,死板的表达是不会受到广大小读者的欢迎的。变调不仅鲜活灵动,而且读起来抑扬顿挫,无形之中会萌生音韵美感,也促使阅读成为一种享受。然而,在实际编校过程中,变调情况复杂,需要统筹处理,这需要在编校时,尤其在进入第一个校次时,就应注明变调的原则,以免在后续工作中出现矛盾和抵牾。

第二,儿化音的处理。儿化音在低幼读物中较为普遍,而作为轻声处理的儿化音也成为拼音的点缀,为图画书的整体行文增添了乐趣，也使小读者阅读起来更契合习惯用语，更贴近日常生活。需要注意的是，儿化音在标注拼音时，有单独轻声和连排简写两种规格，这里只需要统一即可，以连排简写较为适宜。

第三，轻声字的把握。从当前的《现代汉语词典》《现代汉语规范词典》等辞书来看，除了双字名词和动词中叠词的第二个字轻声是一条明显的规律外，读轻声的字并没有一定的规律可循，这就为编校注音类稿件带来了难度。对这类稿件来说，唯一行之有效的办法就是遇到相关词条时，及时查阅辞书，以确定是否轻声。而在实际的编校过程中，有的字读轻声与不读轻声完全是两种意思，所以务必慎重对待。关于汉字轻声问题将在本节结尾部分单独阐述。

（24）确保目录的正确性。要严格对照目录与正文相关章节标题，此时，应像校异同一样折校比对，以免遗漏，左右参照式的比对并不可取；此外，若目录仅为 1 页可不必加页码，但为 2 页或以上，就应当加注页码。

（25）图书中整体的一致性。一致性的涵盖面较宽，寥寥数言难以尽述，比较常见的一致性问题有：人名、地名、事物名、人称代词（他、她）、版式、标题格式等。这些问题需要在校对时持有全局观和整体观，以保证整部书稿的统一性。

（26）完成整体校对后务必要做的收尾工作。收尾工作主要包括：将封面、扉页、书脊、版权页、底封这些位置的要素相对照，核对著作权人、ISBN（国际标准书号）、出版时间、定价（版权页上所显示定价与底封条码下所附定价）等项目，以保证这些项目的绝对正确性和一致性。上述这些工作，应放在核对目录、附文、整体序号以及整体体例之后进行较为妥当。

（27）老生常谈的“做”与“作”的处理。按汉字的源流考证，“作”的出现比“做”要早，而“做”的用法有点后来者居上的感觉，故而出现二者并行的局面。此二字困扰编校人员已久,经常混淆不清以致误用。在解决问题时,一种行之有效的办法就是将复杂的问题简单化,处理二者混用问题的一般方法是:《现代汉语词典》或其他权威的工具书中出词条的,按词条来采用(如做工、做买卖,作陪、作弊);无词条而有示例的,采纳示例中的用法(如做贡献等);若无词条也无示例的,则同一情况下统一即可。讲求统一时,处理二者混用的通用方法是:做词的首字即在前时用"做"(做准备、做功课等),做词的后缀即在后时用"作"(如读作、记作等),当然此方法是建立在一般方法之上的。

(28)汉语中高频出现的"的、地、得"的用法小结。

这三个字是现代汉语中常见的字,其出现频次也较多,相应地,在编校中用错的现象也比较普遍。除了一些固定的用法,如"总的、真的、似的"之外,当前比较通行的一个原则是:用哪个字主要看其后面修饰的词的词性或者做的成分。一般来说,"的"后面跟名词,"地"后面跟动词或形容词,"得"后面跟副词。"的、地"是修饰后面成分,而"得"是后面修饰前面成分。这是一个通行规则,但具体的用法还得在具体的语境中加以判定。如下面几个例子:

①他感到无比(的　地　得)幸福。

②情况要比她想象(的　地　得)好一些。

③通过努力(的　地　得)学习,他熟练掌握了校对技能。

第①例中,"幸福"是名词,前面有"感到",所以"无比的幸福"可以作为句子中的宾语成分,用"的"是完全正确的;第②例中就需要以句子成分来判定用字了,"想象的"作为宾语成分,而不是用"好一些"来修饰"想象",所以用"的"。第③例中,以用"的"为正,组成"通过……"的介词短语。在编校实务中,以用错"地、得"的情况更为常见,这就需要我们在熟悉既有用法的基础上,结合实际情况进行取舍。

(29)在实际的编校过程中,常常会遗漏一些差错,这些差错虽然也可以归为错别字,但与一般意义上的错别字有所不同,单纯就词语本身来讲,它们都是正确的,但用错了语境、表错了含义,词语便以谬误面目呈现了。此类差错往往深藏不露,不细加推敲便可能对其熟视无睹。而纠正此类差错,仅凭对字词的敏感度是远远不够的,还需要在相应的语境下以丰富的知识储备作为支撑。以下列举在编校中常见的10组易错词语(以首词首字的音序为序)。

【示例1】趺坐—跌坐

【解析】两词仅一笔之差,却含义迥异:前者指佛教徒盘腿而坐,也可指普通人的一种坐姿;后者指因跌倒而坐下。这两个词高度形近,难以区分,致使被误用的频度较高。可以将其放入一个句子中,以彰显其显著差异:他一不留心跌坐在地上,索性趺坐着,闭目养神。

【示例2】刚架桥—钢架桥

【解析】刚架桥是一种以刚架结构架起的桥梁,就是上部结构的梁与下部结构的墩构成的桥;而钢架桥则是指用钢质的框架建成的桥。二者无论从构词法还是从内涵上来讲,都是正确的,但前者侧重于整体结构,而后者侧重于整体材质,故而在具体编校过程中,需要根据语境加以判定,以做出取舍。可以理解为:钢架桥大部分可以采用刚架结构,但刚架桥未必一定要用钢架材质(如木桥、石拱桥等)。

【示例3】掎角—犄角

【解析】“犄角”一词在编校过程中比较常见,并且也容易掌握,是指牛、羊、鹿等动物头上长出的东西,但“掎角”想必知道者不多,它一般用来比喻两头牵制或两面夹击,如:我军与友军渐成掎角之势,将敌人牢牢控制在射程之内。二者有所关联,虽适用对象差异明显,但由于形近,人们常常把“掎角之势”误写。在具体的编校工作中，不少编校人员见到"掎角"就认为其中有一个错别字，并信心十足地改为"犄角"，这是非常武断的做法，而形近并不是致误的根本原因，最根本的原因是没有真正理解其内涵。

【示例4】乐呵呵—乐和乐和

【解析】这两个词语同为形容词，形容高兴、快乐，一为三字，一为四字，字数的变化和发音的接近，常导致二者被混用，以"乐呵乐呵"的差错形式居多。二者的区分其实相当明显，除了表现形式外，"乐和"可以活用为动词，而"乐呵呵"则不可以。将二者置于同一句话中，差别还是相当明显的："咱们辛苦加班好几天了，应该乐和乐和了！"他乐呵呵地说。

【示例5】胜地—圣地

【解析】"这里山清水秀，林木茂密，堪称旅游圣地。"该句中"圣地"显然是"胜地"之误。"圣地"一是宗教徒称与教主生平事迹有重大关系的地方，如：耶路撒冷是犹太教、基督教和伊斯兰教三个宗教的圣地。二是指有重大历史意义和作用的地方，如：延安是革命圣地。而"胜地"泛指风景优美的地方。

【示例6】现行—现形

【解析】乍读两个词语，绝对不会发现任何异常，因为它们的读音完全一样，正因为如此，才使两个词频遭误用。"现行"作为属性词，意思是正在实施的或者正在进行的，如现行体制、现行法律等等；"现形"略含贬义，特指显露原形，比如大家熟知的名著《官场现形记》。读音相同是致误的最大诱因，而有的时候语感的形成偏偏依赖于读音，故而在遇到此类词语时，需要深入理解词语背后的含义，从而消除差错。将其置于同一句中，区分立显：一个疑犯在月黑风高的晚上终于现形，而他一伸手就被暗中侦查的民警抓了个现行。

【示例7】蓄养—畜养

【解析】与上面例子一样,二者不仅发音完全相同,而且字形极为接近,如果不明其意,便极易出错。"蓄养"指积蓄培养,如"为革命蓄养新生力量""蓄养水源"等;而"畜养"则专指饲养,对象只能是动物,如"畜养牛羊"等。它们因一个部首而成为两个意思不同的词,至于其具体用法可以将它们放在一起比较:这片树林可以蓄养水源,并且为畜养牲畜提供了保护屏障。

【示例8】一来—以来

【解析】两个词语也是一字之差,并且读音也极为接近,即使按普通话来发音也容易让人分辨不出,故而在实际使用过程中,常常出现差错。如:"某些出版单位不重视校对,如此以来,势必会出质量问题。"这里,"以来"的使用有误。"以来"是方位词,表示从过去某时直到现在的一段时期,如自古以来、长期以来、有文字记载以来等等。而"一来"较为常见的有两种用法:一为列举性前缀,与"二来""三来"等连用,以列举多项理由或条目;二为指示某种动作或行为的出现,如这样一来、那样一来、如此一来等等。它们在同一情况下出现,还是不难区分的:自从智能手机问世以来,大多数"拇指族"对其爱不释手,如此一来,各种手机终端软件便应运而生,层出不穷。

【示例9】姻缘—因缘

【解析】小说《啼笑因缘》是文学大师张恨水的力作,但总是被以讹传讹地误为《啼笑姻缘》。因为小说名总是被传错,张恨水给出了"权威"的阐释:"《啼笑因缘》并不是写婚姻的,而'因缘'二字,本是佛经中的禅语,社会上又把这二字移用,通常多作'机缘'解,意指十分巧合的机会。小说《啼笑因缘》的意思,除了机会、机遇之外,还包含一种因果缘分。"总而言之,"姻缘"专指婚姻的缘分,而"因缘"除了统指缘分外,还指佛教中产生结果的原因和辅助产生结果的条件或力量。也就是说，“姻缘”包含于“因缘”之内，只是“因缘”的一个子集。可以放在同一语境下区分这两个词：因为因缘未到，他和相恋多年的女友尚未成就一桩美满姻缘。

【示例10】治病—致病

【解析】无论是普通话，还是地方话，两词的发音可能都无二致，也可能因此而导致在编校过程中被误用。“治病”即治疗疾病的缩略说法，浅显易懂；“致病”则多少带有点文言色彩，意思是“导致产生疾病”。它们同音，意思却截然相反，一为排除疾病，一为导致疾病，可谓水火不容的冤家。但在实际的稿件中，把二者混淆的现象时有发生，也因此使呈现出的语意与所要表达的语意大相径庭，与主旨思想背道而驰。把它们集中于一处，试比较一下二者的明显区别：治病救人是医生的天职，而要控制此次灾害，首先是要找出致病菌，从而从根本上解决潜在隐患。

以上对举的10组词语差错都来源于一线的编校工作中，对于形式复杂、种类繁多的编校差错来说，只是冰山一角，有更多的各种差错等待我们进一步去挖掘，去发现。也许遗漏掉这样的错误连编校者自身都会觉得不可思议，因为大多数是音同致误，如果不细究，乍读过去会觉得没有任何问题，而问题的症结就在于其隐藏性和编校人员的固有习惯。

编校工作面临的差错千差万别，形式也多种多样，字词差错只是其中的一个组成部分。对编校人员而言，要减少或者避免此类隐秘的差错，关键就是要多加关注，详加推敲，对各种形近、音近、义近的词语的意思有一个透彻的理解，从而对它们的用法有一个整体而灵活的把握，进而做出精准的判断。只有这样日积月累，这些差错才会无处遁形，渐渐露出它们的庐山真面目。

3.字典、词典等辞书的校对注意点

辞书类的校对工作量庞大且细节繁杂，诸如错别字、释义错、笔顺错、笔画错、结构错、注音错、字构件位置表述错,甚至有同一字的笔顺中出现其他字笔顺的情况等,不再一一罗列,现仅针对辞书校对中未引起特别关注的差错加以列举:

(1)与教辅和一般图书一样,辞书校对中也时常发现图文不一致的情况,具体表现是插图与所列词条不符,如:"哀鸿遍野"多指郊外灾民的惨象,而插图是灾民聚于一院落中;"大失所望"的配图中,人物显得一脸兴奋;"独木难支"比喻一人的力量难以支撑全局,插图却是一排桥墩支起整座桥梁;等等。

(2)对词条进行释义时,不应当出现这个词条。如一本辞书中对"涌"的解释是:像水涌一样冒出。这样的释义,自己解释自己,等于没解释。

与之相似的是,在对字进行释义时,解释义项中已经列举了词条,而在下方的例词和后面的义项展示中仍然出现了该词条,显得重复,并且令辞书的严谨性大打折扣,应当删除其一。

(3)有的词条未作解释,只是标注见另一词,如"胆战心惊"条下标注是见"心惊胆战"。由于是分开校对,不便核对页码,唯有全本结束时再进行一一核对,所以必须由一人通读来处理此类问题,否则可能因标注错误而导致前后矛盾。

(4)某些笔画在字中作为构件时变形,而在描述时未变形,导致错误,如"背"的下半部描述成"月"字,"文化"的"化"右半部分写成"七"字。同样类型的还有部分字作为偏旁时的笔画变形处理,如"舟"做左偏旁时,中间的横右边不出头,像"船"字。这样的差错可以归为一类,尤其在进行全笔顺拆解时,容易出现偏差,校对时要多加防范。

(5)部分例句不妥,或时效性不强、未与时俱进,或格调不高、揭露社会阴暗面,或有广告宣传嫌疑。

例①:神舟七号返回舱安全着陆。

例②:为了让女儿到一所好学校就读,他不得不低声下气地四处求人。

例③:邮政快递就是速度快,基本可以做到朝发夕至了。

例④:可口可乐的配方多年来是高级机密,世人难得一见。

例⑤:他靠倒腾粮食赚了一笔钱。

例⑥:王老板炒地皮发了财。

例⑦:他穷困潦倒,以至于卖血度日。

这是辞典中出现的几个例子。例①中,神舟系列飞船已经发射到十一号了,再说神舟七号明显属于陈旧信息,可以用中国梦或者一带一路的例子替换后嵌入。例②有影射社会阴暗面之嫌,例③④把商品名放在例句中不排除有广告之嫌,正确的方法是宣扬正能量的东西,如分别改为"为了将来不低声下气地求人,现在一定要努力学习""某快递公司速度非常快……""某饮料的配方……"。图书的一大功用是宣扬积极的舆论导向,图书不该用来做广告宣传,所以对于出现的商品应该做模糊化处理。例⑤⑥尽管不能以对错来评判,但"钱"味太浓,与我们倡导的社会主义新风尚不太搭调,应换成充满正能量的例句。例⑦,如果去血液中心以外的地方卖血,就涉嫌违法。这种例子,对于以传播知识和正能量为己任的辞书来说,是应当规避的。

(6)部分说法不当,应妥善处理。

例①:《水浒传》描写了一群人聚义造反的故事,读来令人荡气回肠。

"造反"是统治者对反对其统治的行为的称呼,在词典中不应当保留,应当改为"起义"。

例②:岳飞大破金军,收复了许多失地,是历史上著名的民族英雄。

乍读起来,无丝毫不妥,但有点历史常识的人都知道,岳飞是南宋著名抗金将领,令金兵闻风丧胆,但金兵属于少数民族,尽管在南宋时与汉族未形成大杂居、小聚居的局面,但少数民族是中华民族的有机组成部分,不能将其放在中华民族的对立面,所以与之作战也就可以称作是人民内部矛盾,故不能称岳飞为民族英雄,而应称作著名将领或者抗金英雄较为妥帖。类似的人物如文天祥,称为民族英雄同样不妥,可以称之为南宋名臣或者有气节名人的典型代表。

但有一类人,他们抵抗外侮,不畏强暴,在历史上留下赫赫英名,以民族英雄称之则当之无愧,如收复台湾的郑成功、抗击倭寇的戚继光、虎门销烟的林则徐、甲午中日战争中的邓世昌等。

(7)词语的感情色彩应当明确,不可混用。

例①:被击退的残匪妄图东山再起。

例②:敌人调来了两辆坦克,利用地势居高临下,向我军阵地展开猛烈进攻。

例③:科学家以他们无所不为的精神,终于攻克了这一世界难题。

"东山再起"表示失败或失势后经过努力又恢复原来的地位,是褒义词,用在这里明显失当,令人忍俊不禁,属于褒义词误用;"居高临下"虽然是中性词,但用在敌方身上显得长他人志气,灭自己威风,立场显然有所偏差;"无所不为"的意思是什么坏事都干得出来,用在这里显然不合适,属于贬义词误用。

校对对于第(4)至(7)的差错不便处理,但要尽力发现,并明确指出问题所在,提醒编辑核改。

(8)量词不可随意缺失。

量词作为汉语中的有机组成部分,有其特定的表达含义,而量词与数词一起,为修饰事物提供了内蕴丰富的限定,从而使表达更为形象生动。而在词典中,可能往往严肃有余而灵动不足,经常不加量词,如:这电影、这工作、这公文等。这样的表述读起来虽然不错,但过于生硬,对于一本规范的词典来说,也起不到传递汉语丰赡性的作用,应分别规范为:这部电影、这项工作、这份公文。经过加量词的修正,效果立显。

(9)由于词典的版面比较紧凑,故而在做局部修改时,应考虑到诸多格式因素。比如:增加内容时,是否会推版;减少内容时,是否会缩版;增减内容时,是否会割裂单词(英文词典中);等等。

(10)词典中的词条和例词一般有一定的排序标准,大多以音序排序,但在校对过程中发现有不按此标准执行的,那么就要按相应的字母进行调整,如果词语首字的字母相同,则按第二个字的字母排列,以此类推。

(11)在对字词释义时,出现释义不全或者表述不严谨的情形。如以下来自同一本辞书中的几个例子:

①鼎:古代煮食用的器具,三足两耳。

②电视:利用无线电波传送物体影像和声音的装置。

③电子信箱:利用电子信箱可实现各类图像或文本的传送、接收和存储。

这里对于“鼎”的解释是不全面的,除了三足两耳的圆鼎外,还有四足两耳的方鼎。

这里对于“电视”的解释,是不严谨的,电视除了利用无线电波传送物体的影像和声音外,还可以用导线来传递,如有线电视,也就是说电视信号可以通过有线和无线两种途径来接收,而不仅仅是其中之一。

我们知道,电子信箱不仅可以传送图像或者文本,而且可以传送音频、压缩包等,所以示例中的解释是有所欠缺的。作为词典,释义应当全面,不能顾此失彼。

(12)例词中的字虽然是要释义的字和词条中所列的字,但在例词中的读音并不是该读音。比如“说(shuō)”,在组词时有“说客”一词,明显不正确,这个词应当出现在“说(shuì)”下面。在列举例词时,应当防止这样的现象出现。如“厌恶”不能出现在“恶(è)”之下,“便利”不能出现在“便(pián)”之下等。

(13)词典中偶尔会出现语法差错或者病句,使词典的严谨性大打折扣。举一本词典中的几个例子:

①津津乐道:NBA联赛是他~的话题。

②灭种:由于人类破坏生态环境,使一些珍贵动物~了。

③气吞山河:岳飞的《满江红》是一首~、传诵千古的爱国名篇。

显而易见,第①句中表意重复,应去掉“联赛”;第②句缺少主语;第③句因量词和宾语中心语搭配不当成为病句。

(14)一些词典为了增加知识容量,列举了除主词条以外的相关词条,如近义词、反义词等,这个时候需要注意的是,近义和反义都是成组出现的,也就是说,一个词的近义词或者反义词,在词典中应当能够找到,即严格对应性,做到自圆其说,如:“深奥”的近义词列举有“深邃”一词,那么词典就应当在适当位置出现“深邃”一词,使之两两对照;此外,近义词或者反义词应当至少有一个义项是相关的,否则构不成近义或者反义,如“人才”词条下列举的近义词:高才、雄才、奇才、天赋、天资、英才。很明显,天赋和天资根本不是与人才对应的近义词。又如“冷酷”的词条下列举反义词:热情、热心、热烈、热衷、热忱。可以看出,“热衷”称不上是“冷酷”严格意义上的反义词。

(15)辞书中数字用法的统一问题。数字用法在教辅类图书、一般图书和辞书中均会涉及,通用的原则就是,同一类型的数字用法保持一致。比如年月日、质量、身高、世纪等用阿拉伯数字,序数第几用汉字等。如果大型辞书实在做不到同一类型的一致,那么至少要做到局部一致。

(16)关于词典的索引问题。索引一般分音序索引和笔画索引,音序索引由于是顺承的,所以核对起来并无难度,速度和质量一般都可以保证。但笔画索引核对起来就相当麻烦,因为页码是跳跃式的,可能需要从第3页直接翻阅到第799页,核对索引也是一个相当艰巨的任务。便捷的做法是:把笔画索引按照音序生成一个索引文件(在技术层面并无难度),这样依序核对,往往会事半功倍。

(17)在校对英文字典或者中英文字典之前,先过一遍黑马将是不错的选择。前文中说过使用黑马的最佳时机是三校之后、付印之前,但针对英文这类特殊的线性字母组合,黑马有其得天独厚的先天优势,并且在拼写的检查上甚至比人工更加精准,所以可以在前期用黑马检测,将拼写差错悉数消灭,之后,校对的侧重点将向语法、中英文对照等差错转移,从而提高校对质量和效率。

(18)关于词典共性问题的简单建议。

①成语在注音时,若难以对音节的分节、变调等进行把控,最简单的办法就是以字为单位注音,并且都标原调。

②多音字释义时,遇到"另见……页的……"这样的加注,由于是多人校对,故而需要编辑在通读时逐个核实,以免出现页码或字词不对应的情况。

③鉴于词典涉及的知识点、体例等项目太多,可以分项目分专人校对。如3到5人专门纠正错别字,1到2人专门校对知识点,1人对数字用法统一核查,1人对前后统一性进行把握等。

④由于辞书的发行周期较长,而在再版或者修订前会有许多时事性说法或者知识点出现,为了最大限度地保持辞书的时代感与新颖性,要尽可能地与当前的流行热点保持同步。如:党的十六

大报告把“有中国特色社会主义”改为“中国特色社会主义”，“一带一路”战略改为“一带一路”倡议，党的十八大报告把全面“建设”小康社会改为全面“建成”小康社会，党的基本路线从原来的“富强、民主、文明”增加为“富强、民主、文明、和谐”，八年抗战变为十四年抗战，中华台北改称中国台北，元素周期表中增加四个新元素，等等。

4.关于汉语拼音中的轻声问题简述

拼音存在于教辅、一般图书和辞书中，涉及的范围较广，可以说是注音类图书中的共性问题，而国标《汉语拼音正词法基本规则》中对诸多拼音问题规定得比较详尽，这里不再赘言。在涉及拼音的图书中，因拼音可以由软件生成，但生成时可能会机械添加，故以多音字和轻声字的差错最为常见。多音字差错也是拼音差错中极为常见的类型，对于多音字，可以参照其他相关资料加以掌握，这里仅针对易错的另一类型——轻声字做一简单陈述。

轻声字的三大规律：

(1)助词和方位词一般均读轻声，如“了、吗、啊、吧、的、地、得、着”“上、边、里”等。

(2)重叠的二字名词或者动词的后一个字，如“丽丽、明明、姐姐、妈妈，读读、说说、听听”等。

(3)作为后缀字出现的衬字，如“桌子、椅子、窗子、我们、你们、他们”等。但并不是带“子”的都读轻声，如“松子、女子”等就要保持原调。

部分常见轻声词示例(均参照第7版《现代汉语词典》，来自日常总结，尾字读轻声)：

熟悉　告诉　认识　稀罕　脑袋　规矩　名字　老实　时候

地方　月亮　灯笼　晚上　早晨　眼睛　事情　消息　漂亮

还是 舒服 热闹 故事 主意 先生 姑娘 篱笆 别人
队伍 世故 摔打 商量 水灵 念叨 说合 说和 思量
底下 俗气 随和 岁数 清楚 暖和 风筝 凉快 麻烦
休息 小气 尾巴 舒坦 师傅 疏忽 骆驼 能耐 喜欢
冤枉 转悠 庄稼 栅栏 芝麻 帐篷 打扮 厚道 溜达
粮食 眉毛 指甲 妥当 招牌 折腾 招呼 锄头 口袋
认得 懂得 动弹 意思 萝卜 葫芦 先生 生分

这里需要特别说明的是,轻声字在各版本教辅中的情形不尽相同,故应以配套的教材为准,而在一般类拼音读物上可以参照上述列举的词语处理。此外,部分词语读轻声与不读轻声含义差别较大,故而在实际校对中要灵活掌握,如:"对头"读轻声时,是指对手、仇敌,而不读轻声时是指正确、正常或者合得来;"真是"读轻声时表示实在是,含不满情绪,而不读轻声时只是一种肯定性判断,即真的是;"媳妇"读轻声时指妻子或泛指已婚的年轻妇女,而不读轻声时指儿子的妻子、弟弟或者晚辈亲属的妻子;"实在"读轻声时,意思为"扎实,不马虎",而标原调时,意思是"诚实,不虚假"等;"德行"读轻声时,表示讽刺人的话,而不读轻声时,表示品德和名望,含义迥异;"丈夫"读轻声时,指男女结婚后男子充当的角色,而不读轻声时,泛指成年男子;等等。鉴于拼音表情达意的特殊作用,要确保轻声与否和其要表述的意思相对应,否则可能会使意义截然相反,与作者原意背道而驰。此外,拼音类稿件中最易出差错的即为多音字,尤其对不太熟知的多音字,在编校时一定要细加区分,理智判断。值得一提的是,在校对拼音类读物时,可先校对文字,再校对拼音,也就是说,将文字和拼音分别独立起来校对,这样尽管校对要付出更大的精力,但校对质量可以得到比较全面的保障。

以上列举校对中一些具有共性、值得关注的易错点的目的,并不是将校对问题一一呈现。校对过程中发现的问题千变万化，也不可能做到一一尽举，关键是借此传递一种态度、一种精神，只有平时注重积累和总结，才能使自己兼顾方方面面的易错点，使各方面知识贮存更为丰盈，自身足够强大，从而在此后的校对工作中更加得心应手。

第三节　校对应遵循的原则

有了方法，就要将方法付诸实践，才能充分发挥方法的巨大作用。但在使用方法的过程中，也不是无节制地肆意而为，而是要遵循一定的原则，在遵循原则的前提下，再合理得当地运用方法，如此持之以恒地长期坚持下去，你将会越来越觉得在工作中如鱼得水。

校对用凝结其智慧的校样与编辑进行着无声的交流，而编辑见到校样就如同与校对进行着面对面的沟通，校样作为沟通二者的媒介，是最有说服力的使者。既然校样是校对与编辑最直接有效的沟通工具，那么尽力将校样改得完美才是对编辑也是对自己最好的交代。所谓无规矩不成方圆，校对在校对稿件时，不仅要能纠错，而且要会纠错。所谓能纠错，就是能够发现并消除差错，这是校对应具备的基本素养；所谓会纠错，就是在校对时遵循一定的原则，将自己的能力在合理的范围内用合理的表现形式释放出来。根据日常校对工作经验，笔者认为校对应该遵循的总原则为：有错必改，改必有据，改必正确，改必更优，可改可不改无须改。这些原则具体表现在以下几个方面：

1.对待差错，要坚决果断地出手纠正

发现差错的一双火眼金睛,需要在平时的校对实际操作中练就,当发现差错时,就要毫不犹豫,在一刹那锁定目标并正确修改。这是个量变引起质变的过程,也是熟能生巧的自然表现。所谓的坚决果断,包含两个方面的内容:一是自然调出平时积累,瞬间将差错消除;二是起手无悔,落笔千斤,分量自重。换言之,就是说一要有速度,二要有力度,二者随着眼到、脑到、手到在须臾间便完成一次纠错过程。有的时候,校对人员的阅读速度、反应速度和纠错速度并不在一个节拍上,如果遇到一个差错就修改的话,可能会浪费时间并且导致随后的差错被遗漏,这时就不妨先将可疑之处悉数做上标记,等结束一段后再统一处理。

2.讲求规范的同时，兼顾灵活性，要做到规范与灵活并举

举一个简单的例子,在《现代汉语词典》中,有的词语虽然出了词条,但释义却是“同……”,如啰嗦与啰唆、飘渺与缥缈、繁琐与烦琐等,它们不存在首选不首选的问题,也不存在一致不一致的问题,它们的意思是完全相同的,只是表现形态不同,故不可一刀切式地统一为其中一个。既然都是对的,为何不能共存呢?那种凡是遇到语意相同的两个词就改为同一个词的做法,其实是对语言规范性一种偏执的坚持,以致损伤了语言的灵活性与多样性。

另一方面,如果是语言风格方面的问题,校对也要视情况灵活对待,切不可完全照搬工具书和相关规则。比如以下三个例子,就不必改为括号中的规范形式:

(1)他来了,悄悄的。(他悄悄地来了。)

(2)熟能生巧的道理,他明白。(他明白熟能生巧的道理。)

(3)风——雨——雷——电——来得更猛烈些吧!(风、雨、

雷、电，来得更猛烈些吧！）

前两例是语序问题，最后一句是标点问题，括号内外的表述都是正确的，只是要表达的语气和情感略有差异而已。如果校对每逢此类问题都如括号里的那样去规范，那就真正成了机械、呆板的工具，规范有余而灵气不足了。每人的语感不同，语言积累的构成不同，对同一种意思的文字性表达就会不同，校对不可将自己的风格与习惯强加于既有表述上，如果妄作改动，只能令稿件无故失色，自己还费力不讨好。有的新入职校对人员改来改去改不到关键点上，就与此密切相关。人的精力是有限的，在一些无关紧要的事情上消耗了大量精力，在处理真正重要的事情时，精力反而可能已难以为继。

3.讲求所依据标准的唯一性和权威性

在实际的校对过程中，经常会遇到工具书龃架现象。举一个简单的例子，“敢作敢当”在《现代汉语规范词典》中以词条出现，“敢做敢当”在《现代汉语词典》中虽然未出条，但以示例形式出现，那究竟以哪个为准呢？此外，几个人名常令编校人员头疼不已，如赵孟頫（頫）、魏徵（征）、钱锺（钟）书等，到底用简体还是用繁体呢？在这里有两种说法，却有三个标准。两种说法是：第一，逝者为大，要尊重逝者，故而在他生活的那个年代名字怎么写，现在也要怎么写，要与那个时代保持一致；第二，既然目前通行的是简体字，那么名字也是汉字的一部分，理所应当写作简体。三个标准是：第一，《现代汉语词典》等词典中为简体；第二，大型权威工具书中保持繁体，如《辞海》；第三，《通用规范汉字表》中，也倾向于简体，但并不完全排除繁体，如将部分繁体字类推简化。本不复杂的问题，因为有了这么多说法和标准而变得扑朔迷离，令人莫衷一是。在这种情形之下，校对要保持一个清醒的头脑，以不变应万变，切不可因多重标准而不知所措。目前最通行且被业界认可的做法是：字、词的用法以《现代汉语词典》为准，人名、地名、科技名等知识性内容以《辞海》为准。这就避免了多重标准带来的弊端，也使校对有据可依，纠错也得以顺畅推行。总体来说，就是不要采用双重或者多重标准，否则难免滋生手表效应，容易自乱阵脚，解释起来也难以自圆其说。

4.如若稿件某个校次差错不多，可适当进行润色

不可否认，有些稿件本身已经相当完善，进入校对时更是比较成熟，若只关注纠错可能显得无错可纠，即便集中精力去寻觅差错，最终收获也寥寥无几。一般情况下，校对人员一方面会怀疑自己的状态是否出现了问题，另一方面也因长久不动笔修改而觉得技痒难耐，没有丝毫成就感。遇到这种情况时，不妨去适当扩展一下校对的管辖范围，如润色一下字词用法，修正一下语句表达，提出一些对编辑有较大帮助的修改建议，等等。适当超出职责范围对稿件加以修改，抛开会助长编辑的懈怠感和依赖感这个副作用的话，对校对自身而言，优点显而易见：首先，有利于全面提升校对人员的业务水平；其次，使本来不用着墨或着墨不多的校样在适度的润饰下变得更有价值，更趋于完美；再次，通过对校样的深度加工，偶尔展现一下校对人员校对之外的业务能力，不仅令编辑刮目相看，而且可以进一步密切编校关系。

5.适可而止，量力而行，注意调整，化被动为主动，根据自身实际和工作状态，体现计划性，制定可行性长短目标

校对的计件性实际上反映出校对是一个量的累积过程，既然是量就有多少之分，而对于人来说，每个人都有承受的极限。根据科学的工作量分配,校对每天的工作量以2万字左右为宜,多则容易出现疲劳,从而导致非能力因素造成的遗漏。就目前的实际来讲,校对每天的工作量已经远超这个科学数据,否则,无论是出版单位内部的进度要求还是校对人员的收益,都无法得到保证。但校对毕竟不像机器一样可以一刻不停地保持运转,作为有血有肉的普通人,校对无论是体能还是脑力都不可能一直处于巅峰状态,总是会随着校对稿件数量的增加而出现不同程度的衰退。在这样的状态下,如果继续勉强开展工作,那么不可避免地就会出现差池。所以,在有限的工作时间内,就需要不时地调整状态,以尽可能把状态保持在一个高点位上,以保障质量和效率。调整的方法因人而异,所谓的调整并非狂奔至荒郊野外,也不是疯跑到高山之巅,只要不重复做同一件事,其实就是一种调整和放松。若眼感觉不到累,可以看一下娱乐类杂志;如果觉得视觉疲劳,就闭上眼听听舒缓的音乐;如果久坐难受,可以到室外稍作散步;等等。总的来说,就是状态好时,乘胜追击;状态差时,放慢节奏,顺应自身的状态变化。此外,不得不提及第三种情况,即自己状态不佳而校对任务又限时完成,这个时候,要尽可能转换下紧绷的神经,调整好状态;无法调整或者难以调整时,不妨先将手头的工作放一放,冷静一下,稍稍转移下注意力,待状态回归时再做打算。但这个转换过程不宜过长,因为校对任务的完成是有严格的时间限定的。这就需要校对人员在日常的工作中不仅具备扎实的业务能力,而且需要练就自我调适的真功夫。

除了不要贪多,适当放松之外,还应该在心中形成一定的计划性,而不是盲目地赶进度或者无休止地校对稿件。作为校对员,心中要清楚地认识到,稿件并不因自己状态好或者不好而可以加快或者放缓进度,大多数情况下是不得不为之,但即使在这样的情形之下,校对还是有一定的自主权的。比如,可以根据稿件的难易程度和自身的状态，给自己确定一上午或者一下午要完成多少码，一整天要完成多少码，当完成这些既定的目标时，就可以做自己喜欢做的事。这样做，一方面将整个校对任务细分化，逐个击破，更容易实现；另一方面，每完成一个小目标就离大目标更近一步，从而使自己不断找到新的终点与更高的起点，激发起成就感和愉悦感。不妨插入一个小故事。在一次马拉松比赛中，一个平时表现平平的选手获得了冠军，大伙震惊之余满怀好奇，都问这位选手夺冠的秘诀。经不住大家一再追问，他微笑着说出了所谓的秘诀。他说："我之所以夺冠，并不是因为我体力好、耐力好、身体素质好，而是因为我把这个40多公里的赛程分解成无数个小的目标，每到达一个目标，我就告诉自己，我离成功又近了一步。就这样，我会越来越有力量，越来越兴奋，最终我到达了最后的目标，我战胜了自己。"原来，他在比赛之前，已经对赛程沿途进行了细致的观察，并且每隔一段距离在心目中给要经过的树木或者建筑物做上只有自己才能记住的标志，当到达这一标志时，就精神饱满，信心十足，他就开始向下一个标志奋进，最终短距离联结成为长距离，小目标凝聚成大目标。可以说，令这位选手夺取冠军的秘诀，就是他那善于分解、各个击破的智慧。作为校对，我们也要借鉴这样的智慧，将长期的目标分解开来，逐个攻关，从而顺利完成手头的校对任务。这不仅是智慧的体现，也赋予校对一定程度的主动权，完全由校对自己做主。这体现出校对工作中的主人翁思想，激发了校对自己做主人的潜在意识，校对的责任感和使命感也会相应得到加强。

6.若需要折校，务必确保无一遗漏

当前形势下需要校对比原稿的情况不多，但并不是说就没有原稿可比；校对功能从校异同到校是非的转换，也并不等于可以彻底抛开校对的校异同这个功能。一部分手写稿件，或者编辑加工过程中修改较多的稿件,都是需要比对原稿的。比对原稿这个环节过于机械、枯燥,没有任何创造性可言,因此需要付出的智慧性劳动是相当有限的,可以不带任何感情色彩地说,比原稿是小儿科型的劳动,而对于这种不需要多少智商就可以完成的工作,就更不能出现任何偏差了。

以上陈述了日常校对中应遵循的大致原则。其实对于校对来说还有几大忌讳或者说是几条红线,同样也可以归于原则之列,大致有下面几点:

1.大忌中的大忌——改正为误

稿件上本来是对的,经过校对人员纠错,反而把对的改为错的,是非常可怕又可恨的做法。对编辑来讲,没有并肩战斗,反而遭受反戈一击,着实难以承受。将原本对的改为错的,其实是犯了两重错误。第一重错误:稿件上本身是对的,校对人员没有发现是对的,可以称之为判断性差错。第二重错误:改出来之后依然是错的,可以称之为技能性差错。相当于与敌作战,没有打倒敌人,反倒被敌人收服,等于我方损失双倍力量——一方面是我方人员减少,另一方面是敌方人员增加,一个简单的数学算式表示为“1-(-1)=2”,等于敌方比我方白白多出两份力量,性质是极其恶劣的,后果是极端严重的。这样的情况时有发生,如“掎角之势”,在前面已经提及,稿件中的原文是这样的:

我军与友军形成掎角之势,令敌军闻风丧胆,插翅难逃。

校对人员毫不犹豫地将句中“掎角”的“掎”改为“犄”。殊不知,这句话中的用词和表述都是精准无误的。这样一来闹出了笑话,编辑对此表现出了明显的不满之意,声称错误发现不了情有可原,但把对的改错就简直不可饶恕了。经仔细核查,原来“掎角之势”是个成语,比喻作战时分兵牵制或者合兵夹击的形势。校对人员将"掎"误改为"犄",可能受到词条"犄角"的影响,以致做出错误判断,但改过后的句子便失去原来的意思,不仅与原意相去甚远,甚至表述不通。贻笑大方之余,校对人员难免汗颜。这类例子已在前文中做过列举,希望可以减少校对人员在这类问题上的误改。

将对的改错,到底是什么原因造成的呢?下面来简单分析一下。只有找到问题所在,才能找到解决之道。

原因一:未加怀疑,未加查证,主观臆断,纯粹想当然。比如:"一摊血"中的"摊"常被误用为"滩",因为血是液体,当然是三点水旁,这就是想当然造成的差错;"柴火"常被误为"柴禾",可能就有主观臆断的成分;"谅你不敢"误为"量你不敢","计日程功"误为"计日成功",可能就是不加怀疑所致。

原因二:知识存在盲区,知识面有限。因为这个原因将原本正确的改为错误的,暴露了自身的短板,若由后续校次发现并且告知他,将会令其记忆深刻;但若没有后续校次,比如由三校人员造成失误而编辑又将错就错,那么就真的一错到底了。大到一个知识点,小到一个错别字,都可能是盲点所在。如上文所举的"掎"的误用,就是知识面过窄所致。

原因三:工作状态下滑,非故意而为。校对人员的工作量达到一定程度时,校对人员会不同程度地出现反应迟钝甚至僵化的情况,此时若迫于种种原因不得不继续工作,就会导致将对的改为错的这样的结果。如"候和侯、已和己、到和道"等,不仅由于形近、音近可能被遗漏,而且极有可能将二者混改。在这种客观条件下,即使你高度负责,即便你水平再高,也可能依然无法掌控,显得心有余而力不足。

2.忌改得似是而非，改得无根无据，且校对符号不合规范

尽管校对的职责是提出修改意见,最终如何修改还是由编辑来定夺,但若校对提的意见似是而非或者模糊不清,那么还不如不提意见让编辑省心省事。校对的意见和建议要明确,并且力争恰到好处。如句子的表述有误,不能只标注此句有误,而应指出这个句子是哪一类错误,比如搭配不当、并列不当、表意模糊、语法差错、成分赘余等。只有明确了差错类型,编辑才能进行行之有效的处理,否则难免无的放矢,无处着力。

校对符号用得不准确,犯的是低级的差错。规范性是严谨性的表现,更是将所改内容完美呈现的基础。校对改得再好、再有深度,若校对符号误用或者滥用,都会令编辑不仅对校对的技能,而且对校对本人产生质疑。校对返给编辑的校样既是校对的劳动成果,也是校对自身的一张名片,更是一张此后长效合作的通行证。名片上若出现这种低级的失误,将使校对自身的形象严重受损。校对符号使用不准的情形大致有两种:一种是误用,如对调符号上下颠倒;另一种是自创,如随意勾画,不明其意。误用的情况一看便知,并且基本不会有令人看不明白的情况;自创的相关标准里没有的符号,则会让人如堕五里雾中,摸不着头脑。无论哪种情况,都要坚决避免才是上策。

还有一种情况不得不强调一下,那就是纠错时的字迹。虽然不要求校对人员都是硬笔书法家,个个都擅长各种字体,但最起码要写得让编辑看得懂,让排版人员看得明,假若像某些医生开药方一样,字迹潦草,信手涂鸦,天马行空,写得难以捉摸,几经推敲还难以确定,那么不仅令他人心生反感,而且导致自身形象大打折扣,使编校交流趋于无效。字如其人,纠错时校对人员无需炫耀什么书法,最终目的是将你的智慧凝于笔端,正确而清晰地呈现给编

辑和排版人员。字体工整、整洁，是第一印象，第一印象不佳，纵然你改得再出色，也可能被无情地掩盖、埋没掉。

3.忌提出质疑太多，实质性修改太少

出现校对拿不准的情况时，校对往往会在校样上注上“请核”或者其他字样，这样一方面说明自己无法把握，另一方面也提请编辑核对处理。这往往是利用手头资料无法解决的问题，但如果这种情况出现得过频，就有点过分了。试想，如果都请编辑核实，要校对还有何用处呢？提出疑问太多，而该校次解决的问题较少，不仅暴露了校对实力过于薄弱，而且难免令编辑生厌。作为校对，不要拿自己的业务开玩笑，也不要挑战编辑有限的忍耐力。尽管提出疑问的多少要视具体情况而定，但一部书稿最好不超过三处。

4.忌僭越职能，做分外之事

润色是编辑的职责，纠错是校对的职责。这一点校对首先要铭记于心，并切实遵照执行。但在校对过程中，有的校对出于无心，或出于习惯，总是爱对一些句子或者表述做深度加工，比如调整句子的语序甚至修正整个句子的用法，使句子完全符合自己的阅读习惯。这种主观强加式的修改不仅没有必要，而且可能导致编辑统统弃之不用，造成极大的人力浪费。人对自己的领地都有天生的防御意识，若校对“侵入”了编辑的领地，换来的可能不仅仅是反感了。“不在其位，不谋其政”尽管有点明哲保身的意味，但也在一定程度上说明，不要轻易去侵犯别人的领地。这和上面所说的适当润色不同，适当润色只是在字词上稍微做些修正，只是“小动作”，不是“大手笔”，可视为细节上的修修补补。总之，度无处不在，勿越界，勿擅为。

大多数情况下，并非我们不讲方法，也不是不够重视，而是在全身心投入的前提下,依然存在质量问题,我们不禁要问:原因何在?究竟哪里出了问题?我们不难想象,校对人员在进行校对的过程中,其实是受着许多因素制约的。客观因素有校对工作量过大、限定时间完成校对任务、稿件自身的编辑加工情况、工作环境等;主观因素有校对人员的情绪、工作状态、知识面、抗压能力等。在客观因素和主观因素的双重制约下,校对人员的工作质量与工作效率很难达到完美的统一,故而出于人性化考虑,国家规定图书的差错率在万分之一以下即为合格,也就是说,对于一部 10 万字的书稿,可以合理容留9.9个差错(只以数字来论,不谈投机性与偶然性)。这也体现出校对质量或者说是编校质量几乎不可能达到真正意义上的零差错率。校对人员校对稿件的过程,也就是同上述制约因素抗衡的过程。这是东风与西风的较量,更是此方与彼方的比拼。当然,奋战在第一线的校对人员要想方设法去克服一些负面因素,从而让积极因素占绝对优势与主导,与此同时,再配以适合自己的校对方法,唯有这样,才能使校对工作有条不紊,稳步开展,高效推进。

第四章　校对的职业倦怠

第一节　校对职业倦怠的成因

可能每一份职业做到一定程度，都会或多或少地产生疲惫感，也就是人们常说的职业倦怠，这与喜欢这个职业与否无关，也和自身在这个职业上的发展程度无关，只是一种正常的心理和生理反应，而当情绪低落或有琐事相扰的时候，这种感觉会更加强烈，有一种离开这个职业就是解脱的即时快感。校对亦不例外。

校对之所以会对自己原本喜爱或者说基本喜爱的职业产生疲惫感和倦怠感，大致源于以下几个方面的原因。

1.校对工作本身与生俱来的枯燥性

熟悉校对这个职业的人都知道，校对每天面临的都是稿件，由白纸黑字或者屏幕组成的世界基本涵盖了校对的职业视角，而其枯燥和缺乏创新，也是业界普遍认可的共性现实。

校对的枯燥性是由其工作内容、工作方式、工作回馈等三个方面决定的。工作内容即是稿件，纸质的或者是电子媒介的，貌似内容丰富，其实只是作者的创作经编辑加工后呈现的方式不同罢了，本质上还是一种文化产品，尽管其内容千变万化，形式也不乏创新，但对于校对来讲，纠错才是目的，欣赏只是校对可望而不可即的奢求而已，但如果带着欣赏的意图来做校对，可能会把工作做得更好，也会大大缩短或者延缓职业倦怠的周期。

工作内容决定了工作形式，像图书的内容决定其形式一样，有一种固定的对应性，比如：讲一个情节生动、曲折的故事，最好采用小说的形式；抒发一种情感或者表达一种强烈诉求，最好用诗歌的表现形式；而畅谈一种思想或者漫谈一种格调，就宜采用散文的形式；等等。校对的工作内容就是各种形式的稿件，故而其工作方式无疑就是在固定场所进行校勘活动。首先要求场所稳定，居无定所的状态是难以做好校对的；其次要求环境清静，嘈杂、混乱的周边环境，也不利于校对工作的开展；再次就是校对工作的直接性，也就是校对人员要直接作用于稿件本身。所以，校对不可避免地就必须长时间保持同一种工作状态。

所谓校对的工作回馈，来源于三个方面。第一个方面是与校对密切相关的编辑。编辑与校对的关系，在前文已经大致阐述，这种密不可分的关系也注定了编辑的评价将对校对整体的评价产生至关重要的影响。一般来讲，编辑对校对的评价是相当公允的，但回馈的信息无非是校对得不错，发现了不少问题，便没有下文了，尽管这对校对是一种认可和肯定，但校对的成就感还远远没有形成。智者千虑，必有一失，有些编辑往往因为校对忽略或者漏掉某一个他发现而校对未发现的差错，会对校对产生不公允的评价，这就更使校对的心里滋生费力不讨好的酸楚感、失落感甚至抵触感。

第二个方面是领导对校对工作的认知。领导所关注的是宏观的层面，有大局性和方向性的特点，而校对是微观层面的操作，故而两者可能会形成一种认识上的反差。大多数领导可能只是停留在校对每天默默无闻工作、认认真真纠错的表面层次上，一般不会有深入透彻的了解,如果他们只看结果而不看过程,就更谈不上对校对的有效反馈了。

第三个方面是校对这个职业带来的反馈。这里包含两点:一是校对人员本身,二是校对人员所校对的稿件。对校对人员本身来讲,职业前景和出路似乎受到了某种限制,而一个未形成有效人才培养机制的单位为校对提供的晋升平台也相当有限,该职业似乎成了"从一而终"的职业选择,对有职业规划的人来说,无疑是致命的和急欲摆脱的状态。大多数情况下,校对是单位培养人才的地方,相关人员可以以校对为跳板,进而去做编辑或者走上其他工作岗位,但对于校对来说,局限性还是非常明显的。因为某些单位内部,会形成这样一种共识,即视校对为基础岗,而不是专业技术岗,这样的后果就是,校对可以培养人才,但根本留不住或者说造就不出有专业素养的专职校对人员。对校对人员所校对的稿件来讲,除了出质量问题可能会找到相关的校对人员外,校对人员与稿件之间似乎只是仅有"一面之缘"的朋友,根本谈不上友谊的存在,尽管出版单位的主管单位有优秀校对奖等奖项激励校对人员,但相对于校对人员的辛苦付出来说,有点杯水车薪、聊胜于无的意味。一方面是比例低,如选报年度出版物的2%上报竞选该奖项,也就是说有200本新书,才有4本可以参选,并且未必会获奖,在笔者所在省内,还要求参选图书必须在10万字以上。另一方面是只有责任校对出现在相关责任人一项,尽管所得的奖金可能按比例分发给了一校和二校人员,但显而易见的是,他们都少了一项荣誉,虽然在这本书稿里,他们付出的心血未必比责任校对少。这样的结果,可能也不是政府设立该奖项的初衷。对获奖的责任校对来说,看上去是"名利双收",实际上形同鸡肋,食之无味,弃之可惜。

2.当今躁动、功利的时代背景

不可否认,我们处于一个信息化时代,可以通过各种渠道来获取信息,单单依靠报纸、广播、电视等媒体来获取资讯的时代永远一去不复返了,取而代之的,是即时更新甚至直接播报的自媒体(如微信、微博等)。不言而喻,那种捧书阅读的现象也渐渐式微,抱着各式移动终端(如手机、平板电脑等)的用户却乐此不疲地与机器进行着互动。我国的年人均纸质图书阅读量持续保持在5本以下,按正常的逻辑(即总阅读人数一定,各种阅读方式并存)来推理,可能绝大多数读者将阅读重心转移到了数字化阅读上,此种情形也足以彰显数字化阅读趋势的确立。快餐化阅读、碎片化阅读、标题式阅读等打有时代烙印的阅读方式充斥在我们的周围,作者数月甚至数年创作的作品、校对数日校对的稿件,读者几秒内就完成了一次阅读过程,时间的不对等性,付出的落差感,这些不合理的态势都合理地上演着——在当前的时代背景之下。

我们不得不承认时代的确给我们带来了巨大的方便和快捷,也不得不承认人类生存在这样的时代也享受到了科技带来的福音,但需要清楚的是,正是获取信息的便捷性,才在一定程度上导致了人们的浮躁感。需要获取信息时,人们只需要打开手机触摸几下屏幕,或者打开互联网点击几下鼠标,海量资源便展露无遗。与这个时代格格不入的是,校对需要稳坐如钟,心无杂念,埋头纠错,有一种单纯的却有点脱离于现实的落伍感和跟不上时代的挫败感,久而久之,自然会对目前的工作产生倦怠,滋生疲惫。无论你有多么强大的内心,也无论你如何去避免受到外界的影响,你都无法拒绝这样的事实存在。这个时代是一个匮乏深阅读体验的时代,但同时又是一个信息高度集中、出版物层出不穷的时代。作为出版业中的一分子,校对也绝不会摆脱时空而孤立地存在着。身处闹市,却要做到清静专注,对于一个红尘中的凡夫俗子,又谈何容易呢？在这样的处境下，怎能不萌生倦怠呢？

3.一种不健康却正常的心理——攀比心理

有一位哲人总结说，人痛苦的根源无非有两点，一是记性太好，二是攀比心理。细细想来，果真如此。记性太好，就会一直对不开心的人或事念念不忘，也因此对开心的事置之不理，将不开心的情绪扩大化与加强化，从而使痛苦一直延续而无法释怀。攀比心理就更容易理解了，所谓人外有人，天外有天，总有人比自己强，也总有人比自己拥有得多，在和强于自己的人对比时，痛苦感自然产生；反过来，如果自己与他人相比处于强势地位，那么你的优越感就会油然提升，痛苦也可能瞬时变为欢愉。在出版单位内部，校对属于业务性质的职能部门，其以件计酬的方式让校对的劳动本质属性类同于生产流水线上的工人，与之不同的仅是加工对象是以各种媒介承载的图文，若以单件薪酬来计，生产线上的每个零件可能是几毛钱乃至几块钱，而对校对来讲，按 1 万字最高 20 元计算，每个字也就是 0.002 元，即 2 厘钱，10 个字才 2 分钱。惊诧于这个结果的同时，暂时撇开校对为文化的传播立下了不朽功勋的高调不谈，大多数同情心未泯之人可能都会生发校对是最廉价的劳动力的慨叹。平心而论，对校对来讲，单位产品的直接价值可能低到极致了。

与校对关系较为密切的编辑，尽管其负责的范围除了文字加工外，还有选题策划、组稿、统筹、完成内部流程，甚至营销策划等，但其薪酬也远在校对之上，并且应该有足够的空闲来调剂身心，不像校对，一年四季与稿件相伴，一天到晚与稿件为伍，在工作中的调节可能就是稿件的类型不同而已，比如：校过了小说类稿件，接着校散文类稿件；校过了数学类稿件，接着校语文类稿件；校过了汉语类稿件，接着校英语类稿件；等等。这样周而复始，永恒不变，罕见校对有真正的空闲时间。如果校对人员手头没有稿件,那将是令人欣喜又相当可怕的:令人欣喜的是,总算可以从繁杂的校对任务中暂时解脱出来稍作喘息;可怕的是,没有稿件意味着没有收入,而且每月还有几十万字的任务量有待完成。与此形成鲜明对比的是,编辑在完成自己所负责的稿件后,至少有可以自由支配的闲暇。至于出版单位内部的其他部门,对校对的辛苦也有目共睹,他们的加班只是偶尔为之,而校对的加班则是家常便饭。

薪资低下,又无暇调节、放松,更谈不上有足够的空闲,无论是单位内部的纵向对比,还是行业之间的横向对比,校对都处于不利的境地。在这样的情形之下,职业疲惫和倦怠的形成,可能只是时间早晚问题。

4.校对的职业发展出现障碍,即遭遇职业瓶颈

人的一生总要有职业规划,校对也需要考虑自身的发展和出路问题,尤其是校对做到一定程度的时候,这种有关自身发展的思考会越来越频繁、越来越强烈。但摆在校对面前的路似乎并不开阔,校对面临的选择也有较多局限。在长期的校对工作中,除了特别关注健身的校对人员之外,大多数人都会或多或少地遭遇职业病的困扰,眼、颈、肩、腰都有可能出现这样那样的病变,如飞蚊症、颈椎病、腰椎间盘突出、腰肌劳损等,都比较“青睐”长期伏案的校对人员。也就是说,经过几年的校对生涯,校对拖着的可能是处于亚健康状态的“病体”,带着这样的健康状态和精神状态进行职业选择,与正常人相比,就已经输在了起跑线上,可选择性与自由度都将大打折扣。

暂且不论校对重新择业的可能,单单在出版单位内部,校对的晋升通道就异常狭窄。校对是业务性极强的工作,看似简单却不是人人都能做好,所以一个熟练的校对在单位内部是相当受欢迎

的，也会因为其极“毒”的纠错眼光而受到相关人员的好评与认可，自然而然地，校对最好的岗位选择就是近在咫尺、高度相关的岗位——编辑，若某个编辑部门缺乏编辑力量，编辑部主任第一时间考虑的可能便是从校对调人来补充。这在业界内部已经形成普遍共识，抛开校对的策划能力与营销能力不说，单从其文字功底方面来讲，就绝对可以独当一面，无须过渡期便可轻松驾驭大多数编辑业务。

貌似完美的转身让校对满怀期待，但问题接踵而至，除了做编辑，校对还可以做什么呢？这可能令你措手不及，不知如何是好，但不必急于回答这个问题，因为这可能会令你起初的兴奋烟消云散。自进入校对部门，绝大多数人可能都希望以此为平台和跳板，顺利进入各编辑部，成为一名经过校对历练的骨干编辑，但也不排除有一部分人并非抱着这样的目的，所以当面临职业瓶颈时，有的人难免滋生无所适从的迷惑和茫然：若不做校对，现在的我到底该何去何从呢？在有的出版单位，校对隶属于总编室，是一个后勤性质的服务岗位，与行政岗不太相关，所以转向行政部门也可能会因没有相关经验而被拒之门外。但从另一方面而言，也给校对的选择带来了契机。既然校对是业务岗，那么就将业务做到极致，成为业务带头人，换言之，业务主管可成为校对职业发展的又一选择。但要清楚一点，业务主管往往只需一人，对普通的校对而言，很大程度上来说是可望而不可即的。

无论做编辑还是做业务主管，都是单位内部的“微调”，也是自身身份的稍稍变更，谈不上真正的进步或晋升，职业瓶颈仍未突破。除此之外，若完完全全跳出校对的业务范畴，崭新的职业定位又究竟在何方呢？关于这个问题，在后面章节中再做详细的探讨。

第二节　校对职业倦怠的应对策略

既然已经明确了校对职业倦怠的四大成因，那么应对起来就会有的放矢，不至于盲目和无所适从。

校对的工作性质自古皆然，校对所处的时代也无法改变，攀比心理更是极其正常，职业瓶颈自然为各种职业生涯所共有，面对这些客观的无法改变的事实，我们该如何是好呢？

1.要应对或者不得不适应一个无法改变的东西，最好的办法就是改变自己的认识与心态

要在内心深处形成这样的认识：无论做什么工作，都会出现一定的疲惫期，而自己选择校对的初衷，就是喜欢这份职业（无奈的选择或种种因缘际会除外），既然如此，就不要违背最初的意愿，所谓不违初心，方得善终，将初心持续下去，把遇到的一点挫折和不如意当作小插曲，坚信最终会迎来一片光明和坦途。形成这样的信念后，就会咬紧牙关挺过来，从而心胸豁然开朗，倦怠的阴霾也会一扫而光，疲惫的心绪自然在稍作盘踞逗留后烟消云散。校对工作枯燥单一，付出与收获不成比例，形成这种认识最根本的原因就是心态。人常说心态决定一切，心态决定成败，此时此刻，为何不能用心态决定对待校对的态度呢？心态豁达一些，态度包容一些，将复杂的事情简单做，将简单的事情重复做，校对正是在不断的重复中得以强化、承续和发展的。简单一点说，就是你认为它是枯燥的，它就是枯燥的；你认为它是丰富多彩的，它就是丰富多彩的。如何看待它,完全取决于你的内心,其他任何客观因素都无法左右你的判断,这就是心态的魔力所在。工作是忍受还是享受,也全在当事人一念之间。保持积极的思维方式,从内心判定所做的一切是值得的,而只要觉得是值得的,心里就是快乐的,就不会觉得累。不能改变环境,就改变心境。调整好心态,尝试将工作快乐化,将快乐常态化,职业倦怠便会慢慢减弱,直至消除。

其实在校对的过程中,偶尔蹦出来个错别字、逻辑差错、知识差错等,抛开有害文意的负面影响不谈,确确实实会给校对带来不少乐趣。如果书稿从头到尾没有差错,一定程度上会令人产生阅读疲劳。校对与差错之间,似乎一直在进行着"猫捉老鼠"的游戏,而在逃避和追逐的过程中,趣味就会渐渐萌生。在趣味的催化下,校对的职业倦怠会被不同程度地淡化。但我们也要清醒地意识到,切不可因发现个别差错而沾沾自喜,须知,若欲长期保持一种富于趣味的状态,就需要在谦虚上进的前提下不断提升"捉老鼠"的本领。

2.在调整好心态的前提下，找到适合自己的释放途径

尽管职业倦怠并非全来自压力,但职业倦怠可能是压力的一种表现形式,因为其本身已经让你感觉到了职场的压力、自身发展的压力、为前途思考的压力等。而出现职业倦怠,可能是某种压力无法及时得到疏导所致。在这样的情形之下,不妨将平时搁置的兴趣捡拾起来,让因工作而一度放弃的爱好适度回归,以最大限度地激发对生活、对身边所有真善美的人或事物的热情,进而产生一种有寄托的激情。在无边的旷野可以唱歌吼出心中郁积的块垒,在夜阑人静的深夜可以绘画描出世外桃源,在没有观众和掌声的场所可以将烦恼统统集中于足球,然后狠狠地一脚踢出……释放压力,一身轻松,顿觉天高地阔,自己就是世间主宰。当你真正抛开校对，暂时从繁复的校对工作中脱身时，你可能会惊喜地发现，原来除了埋头纠错，自己还有那么多其他的兴趣点、兴奋点，甚至冲动点。

3.结合自身实际，制定一个切实可行的远景职业规划，让已经心生倦怠的校对职业因富有目标感而自然将倦怠消除于无形

如果说调整心态和释放压力是一种被动式的回避或者调节，那么主动出击就变得更为难能可贵。每一份职业都是有梯度的，也都是有层次的，正因为如此，才有"三百六十行，行行出状元"之说。尽管校对的选择受到各种局限，但有一点是和出版中的其他岗位共通的，那就是职称的评定。出版专业的职称评定也为校对提供了通道和平台，初级、中级、副高等各级职称的进步，都可以看到校对努力的身影。而职业瓶颈的突破方法中，评定高一级职称，就堪称首选。且不论评定职称后如何去做，单从评定高一级的职称来讲，就是对当前自己的提升和挑战，至少证明你不安于现状，至少说明你探索在前进的路上，尽管可能迈这一步耗时且艰难，但即使小小的迈动也是不折不扣的进步。评定职称中所要求的各种奖项，如省级的优秀图书校对奖、国家级的韬奋杯编校大赛校对奖等，都可以作为校对努力的目标，虽然做校对不必计较名与利，但这样的奖项无疑对各位校对从业人员具有一股强劲的驱动力。置身事外，与世无争，淡泊名利，也并无不可，可能你也可以把校对这份工作做得相当扎实漂亮，但没有进取心的校对，可能会走得自由，但绝不会走得太远。

晋升职称只是校对职业生涯中的一块敲门砖、一个进步的阶梯，在一定程度上还不能称为职业规划，只能称为一种有基础有准备的提高。但职称确定后，你的职业便可能翻开全新而多彩的一页。

4.将平素积累内化为总结性材料，获得成就感，并在成就感的带动下使业务水平更进一步

可能每一个行业都有规律可循，每一个职业也都是在日复一日的重复中发现一些共性的东西，这些共性的东西需要行业精英去总结、去升华。校对自然也不例外。写作论文就是校对总结经验、提炼规律的最好途径之一，而论文的刊发更是对自身积累的一种认可，从而使自己在新的起点上再接再厉。在这个过程中，成就感便油然而生。一旦形成成就感，长期以来形成的职业倦怠便受到制衡和压制，职业倦怠便慢慢淡化以至消失。

论文的生成既是厚积薄发的呈现，亦是灵感的延续性迸发，更多的则是一种阶段性总括。抛开功利性目的(如晋升、评职称等)，隔一段时日就形成一篇论文，即使不发表也不失为一种激情的保持、一种活力的展现。毫无疑问，此举可以不断督促自我，砥砺自我，进而充实并完善自我。

论文的创作过程，是一个须下功夫的艰辛过程，在此不妨分享一下笔者在写作论文中的一些心得体会，大致有以下几个方面：

第一，注重积累。无论写什么样的论文，没有平时点滴积累的丰富素材，都不可能写得有血有肉、鲜活生动。积累需要在工作中留心，在生活中关注，慢慢形成一种专属于自己的积累方法与途径，从而积少成多，存储备用。

第二，多阅读与校对相关的论文。当然，眼界不要仅仅局限于校对领域，要触及出版的多个方面。阅读相关论文的过程也是一种积累的过程，但要侧重于向他人学习，在研读中不仅可能触动某方面的思考，更会在开阔眼界的同时博采众家之长。在阅读相关资料时，最好在多方关注的同时具有一定的针对性。如《科技与出版》《出版参考》《出版广角》等相对更具综合性的出版类杂志，栏目丰富且载文水准较高，可以研读参照；而侧重于编辑业务的《编辑之友》《编辑学刊》《编辑学报》等期刊,也可以作延伸性阅读。在阅读过程中,某一篇文章或者某一个观点即可令你产生某种触动或想法,从而带来启迪性思考。然而不可否认的是,这些期刊并未给校对开设针对性栏目,校对只能在编校实务、编校园地、审读加工等很有限的空间里施展拳脚。尽管如此,狭小的舞台依然存在无限可能,实务性问题无疑是校对类论文的首选方向,因为校对是实干型、业务型专业人才,没有一定的眼光很难形成具有一定深度的理论成果。

第三,选准角度,找准切入点。每个人的知识储备均不相同,即使面对同一个问题,不同的人也会有不同的看法,每个人站在自己的角度就可能得出不同的见解。基于这一点,在创作论文的冲动生成后,比较稳妥的办法就是站在一个自己拿捏得较准或者自己比较娴熟的角度,合理避开生疏之处和短板所在,从而为选准切入点做好铺垫。比如就校对而言,可以从错误的类型入手,每个错误的类型中又有无数的典型案例,将其分类汇总,从而加以提炼,就是一种积极而有益的尝试。当然,校对面临的问题比较琐碎,不易形成完整的论文型素材,但丰富的差错类型还是有无穷的潜力有待挖掘的。

第四,及时捕捉灵感,不间断创作。灵感往往在瞬间闪现,并且稍纵即逝,若不及时把握,极易失之交臂,所以有灵感迸发时,一定要以最快速、最牢固的方式记录下来。此外,写作论文的时间或长或短,长则数月,短则几天,在此期间,思绪尽量不要间断。思绪如同一条锁链,断开后便很难接续,一篇凝聚心血与智慧的论文很可能因思绪中断而功亏一篑。

第五,自我加压,在想放弃的时候强迫自己再坚持一下。有的时候,创作难免会遭遇瓶颈,走进死胡同,觉得走投无路,似乎预示着创作已经此路不通,如:酝酿已久的写作计划因某种局限而停滞;创作过程中会觉得无甚可写,搜肠刮肚也无计可施,有才思枯竭之感;后续的素材推翻了前面的立论;等等。这个时候不要轻言放弃,一方面要坚信自己的实力和选取的创作方向,另一方面要换个角度试一试,或许瞬间就会柳暗花明,迎来转机。

另外需要提醒的是,论文创作最好摒弃功利性色彩,以一颗平常心对待,这样更容易出成果,并且不会因耗时太长、付出精力过多而患得患失。

论文的创作是艰辛的过程,不能急于求成;这个过程也是创造性累积的过程,极易获得成就感,坚持下去,必有斩获。

需要特别强调的一点是,论文是具有一定学术价值的劳动成果,讲求原创性、严谨性、规范性等。笔者不赞同那种动辄引用参考文献,以参考文献来为论文增色的做法。参考文献的量要适可而止,并且尽量不要大段地加以引用。试想:引用越多,不就意味着原创越少吗?不可否认的是,堆砌的文献,终究不是自己固有的东西。

5.从校对解脱,换一个全新的环境

这其实不能称作一种对职业倦怠的应对策略,称其为逃避策略似乎更恰当一些,但这种逃避是主动的,是无力承受重压下的一种主观能动性的应激反应。当校对这一职业对你已经毫无吸引力,当你一看到要校对的稿件就头疼甚至厌恶的时候,说明你对校对的讨厌程度已经无以复加,也就意味着你的校对生涯即将走到尽头,至于是否能够画上一个圆满的句号,那就取决于自身是否在校对过程中获取了相应的积累、历练与沉淀。

经过一段或长或短时间的陪伴,可以说你已经与校对结下了深厚的感情,像一个老朋友一样与你形影不离,彻底地弃它而去于心不忍,与它为伴又心有不甘,该如何是好呢?在徘徊和犹豫中,你的内心其实已经做出了选择，那就是不再喜欢这个职业了，至于具体去做什么，尽管心里没有盘算好，但一遇到合适的机会，你便会义无反顾地舍校对而选其他。

彻彻底底地跳出校对，去选择一个自己从未接触的、与自己的校对经验毫不相关的职业，这需要一定的魄力与异乎寻常的果敢。对于初出茅庐的毕业生来讲，频繁换工作已司空见惯，美其名曰"多挑多看，积累经验"，这是一个合理的理由，何况还有年轻的激情和活力作为资本，是一种无可厚非的选择。但对于从事校对工作三五年或者更长时间的就业者来讲，就可能做不到如此的洒脱与淡定。经过数年的沉积，工作经验已然具备，工作能力已经或者正在突显，偏偏在这个节点上出现职业倦怠，彻底放手似乎是不太明智之举，你的时间、精力和当前的生活状态，都可能是你重新选择时要考虑的因素，此时的所谓工作经验、知识技能反而成为你的负累。有段话说得好，大致意思是：人的一生就像一场旅行，起初的时候我们一身轻松，但在走的过程中，我们不断地背负一些东西，使我们肩上的担子越来越重，而适时地抛下一些负担，将会令整个旅行重新回归轻松。大多数时候，选择意味着放弃，而聪明的放弃恰好是睿智的选择。

第五章　校对的出路

第一节　校对在哪些情况下要考虑出路问题

前面已经提及,要做好校对需要较高的综合素养,知识面也要求相当开阔,其专业性、技术性是硬性指标,其枯燥性、易疲惫性是主观感受。校对人员就在这样的职业中付出着带有智慧的辛勤劳动。在当前社会对职业要求越来越专业化和精细化的今天,校对人员在完成本职工作的同时,也不可避免地要考虑自身的前景和出路问题,那么校对人员一般在哪些情况下会考虑自身的出路问题呢?

1.经过一段时间的接触，自觉难以胜任

校对看似简单,做好太难,不仅需要相当全面的知识积累,而且需要具备特定的职业素养。关于职业本身对校对从业人员的要求,在前文已经涉及,这里不再赘述。我们都有这样的体会:对一项工作熟练之后,便觉得做起来游刃有余,并且随着技能的积淀,做起来会更加轻松和得心应手。但与此相反的是,一份对自己有难度的工作,做起来就可能相当吃力。一部分人可能经过一段时间的适应,慢慢好转,进而达到熟练的程度。然而也不排除这种可能,就是一部分人无论怎样努力、怎样发奋,总是难以达到工作要求,这不是天资和秉性的原因,而是由于在某个方面的确有无法弥补的缺憾。面对这样的形势,该如何是好呢?迎难而上,继续努力以证明自己,还是知难而退,另寻出路?打一个简单的比方,要攀登一座高山,当达到一定高度时,以你的体能和所带的设备可能根本无法应对强烈的高原反应时,你是继续攀登还是知难而退呢?作为一个睿智的人,一个有自知之明的人,一个对自身负责的人,想必都会选择后者。不要说一个人的潜力是无限的,也不要说再往前一步就是别样的人生,这样的道理固然没错,但处在一个节点上时,一味的坚信无疑等同于彻底的盲目。这个时候,我们不妨换个角度思考一下:最美的风景未必在峰顶,并非每个人都有如此眼福与生命体验,回到山脚下,或许另一条路可以引导你叩开成功之门。当你遇到根本无法逾越的高墙时,与其碰得头破血流,不如华丽转身。转身有的时候不是懦弱,也不是无能,而是懂得舍与得的一种智慧。回归到校对工作上来,既然无法胜任,那就可以平心静气地思考一下自己的出路问题,以重新制定职业规划,找准真正适合自己的定位。

2.遭遇职业瓶颈

如前文所述,在从事校对一段时间后,会出现职业倦怠,而出现职业倦怠的诱因之一就是可能遭遇到职业瓶颈。遭遇职业瓶颈与不能胜任无关,在很大程度上讲还可能是因为过于胜任,即能力远远超越工作本身所需,正是因为要向更高的目标发展才会意识到目前的状态需要改变,目前的瓶颈需要突破。遇到一个障碍,要么绕开,要么突破,要么退缩。显然,退缩是弱者的表现,极不可取,而绕开和突破才是积极的进取态度,值得肯定与鼓励。但我们需要清醒地意识到一点，那就是突破之后应当是新的洞天，应当比当前更有前景，这才值得你为之拼搏，并使出浑身解数去突破它、解决它，也就是说，突破之后你会在原有基础上更进一步，这才有突破的必要。但如果你突破之后道路依然迷茫，依然无所适从，在很大程度上并不比当前的状态要好，那么，你还会奋不顾身地去突破吗？在无法突破或者突破之后依然迷茫的情形之下，绕开便是你的第一选择。所谓绕开，就是寻找别的途径，对校对来说，就是考虑校对的出路问题。选择另一条路，或许更适合当前的自己。

3.学识、积累等已经达到相当高度，在校对上已经没有上升或者前进的空间

尽管说任何学问都是无极限、无止境的，校对更是无法做到所谓的巅峰，但对一部分人来讲，还是有做到极致的可能性的。校对的最高境界至少有两种表现：一是已经对几乎所有的差错（当然，所有差错是不可能的）了然于胸，可高速度、超精准地发现并纠正差错。二是一些外在的东西，比如职称。做助理校对或者初级校对，需要具备出版专业的初级职称，担任责任校对者需要具备中级职称，而相应的考评机制也为校对提供了评定副高级职称的机会，但副高级职称即为校对领域最高级别的职称，相当于是顶峰，已经无峰可攀了。在校对岗位取得副高职称，意味着将校对做到了一定境界，若要更上一层楼，只能在个人修养上下工夫了。

4.对职业已零容忍，和校对已经形同水火

当人们重复做一件事情达到极致的时候，要么升华引起质变，要么顿觉无趣得无以复加，感觉极其无趣的时刻，就是彻底厌倦的时刻。工作到一定程度，会觉得放弃手头的工作是一种放松，而一份职业做到一定程度，会觉得放弃是一种解脱。这种情形之下，校

对已经没有丝毫魅力可言，甚至会觉得一见到校样就会头大，一提到稿件就会厌烦，一看到密密麻麻的字更觉面目可憎，这个时候，就是彻底和校对说再见的时候了，并且这种再见可能是永别性的再见，也就是一旦分别，永不回头。而此时，也是考虑出路的关键节点。

5.对当前的状态已经厌倦，想换一种生活方式

尽管校对有诸多不尽如人意的地方，但它毕竟是一份正当的职业，而这种按部就班的职业状态极易造就温水煮青蛙的环境，天长日久，便会令人丧失斗志。但凡有点追求的人，或许都不愿意在这样貌似安逸的温室里自生自灭。抱有此种想法的人，心中会不时冒出这样的信念：如果不做校对，或许有更好的发展。他们也因此而萌生“世界这么大，我想去看看”的壮志豪情。

以上只是比较常见的几种情形，不排除还有其他诸多原因，而无论出于哪种因素，校对从业者都是意识到了种种不利因素和越来越明显的局限感，从而重新考虑出路问题的。

第二节　浅析校对的几条出路

作为一份职业，依托于纸质材料或电子媒介，校对有其存在的基础与必然性，也有其历史渊源与演变历程。如同社会的发展与人类的进步一样，校对也需要一个提升的空间与发展的天地。截至 2016 年底，全国共有 584 家出版社（包括副牌社 33 家），如果每

个出版社配备10名校对(大型出版单位远超此数),那么校对从业人员也达近6000人,加上民营出版单位的校对人员,这个群体将更为庞大。这个群体的从业人员肩负着传承文化的重任,应当予以足够重视,校对自身的发展也应引起足够关注。那么,它的前景如何?出路又在哪里呢?笔者试着对此问题作一简略的研析和探讨。

1.顺势而为，做责任编辑

编辑与校对似一对形影不离的孪生姐妹,各有侧重却密不可分(编辑分策划编辑、美术编辑、文字编辑等,此处主要指文字编辑)。在具体的业务中,校对负责的范围相对单纯,诸如纠错(错别字、标点、数字用法、知识差错、逻辑差错等)及文字技术整理等,都聚焦于伏案工作上。而编辑则不然,纠错作为编辑的一项基本技能、基本功,早已不是什么问题,而其对稿件的整体把握及加工润色则更为关键。况且加工润色也只是编辑职责的一部分,编辑另外还面临着选题策划、组稿、审稿、联系印制、市场营销等多重任务,尤其是当前绝大多数出版社已经改制,从计划经济下的事业单位转变为市场经济中自负盈亏的企业,出版单位的经营压力不断升级,编辑的经济指标也连年攀升,受到的考验也不断加强。从这个角度来讲,校对转为编辑不仅带来眼界的开阔,而且带来业务的提升,是顺势而为、水到渠成的选择。

近年来,编校一体化的趋势日益明显,虽有《出版管理条例》《图书质量管理规定》等法规明令禁止,但由于出版单位人力资源不足、出版周期过短、编校职责划分不明等原因,这种现象已屡见不鲜,以编代校、以校代编的状况难以规避,故而编校不分家在一些出版单位内部成为事实。抛开编校一体化的倾向而论,二者可谓水乳交融,真的成为你中有我、我中有你的存在,而在近乎无迹可寻的转化中，校对已悄然完成其职业转换。当然，我们不提倡这样的做法，从某些方面还须抵制这一不良倾向，但编校一体化的现象也足以佐证二者确属职业近亲。在这里不妨作一个大胆的假设：在一流的校对和不入流的编辑之间，你会做何取舍呢？

2.挑战困难，做业务主管

与编辑相比，主管这一职业（或者说是岗位）增添了几分行政色彩，并且由职员跃升为管理者，而业务骨干和管理者的双重身份使这一岗位更具难度和挑战性。就本质而言，校对主管并未偏离校对；就职能而言，校对主管已有行政管理的职能，由起初的单一校对演变为集监督、排稿、统筹、协调等职能于一身的角色，故而压力陡增，对能力的要求也由单一型骤升为综合型。对普通的校对员来讲，这无疑是对能力的多维度考量，对整体素质要求更高，但如果他可以坦然面对这一挑战，无论成功与否，都会给自身带来巨大突破。谙熟业务，对管理大有裨益；成为管理者，又为提升自己、提升整个团队带来契机。二者相辅相成，相得益彰，校对大可以在这个岗位上大展拳脚，不失为一个不错的选择。但值得注意的是，编辑众多，编辑所在的部门也为数不少，而校对主管或质检主管可能仅此一个席位，所以必须做好充分的思想准备，方可迎难而上，担此重任。

3.借助经历，做与文字有关的专业性工作

校对的前两个选择，可以归属于同一系统——新闻出版系统，而从事文字工作的校对也为从事其他文字工作做好了铺垫，提供了可能。各个单位内部，均需“笔杆子”存在，而校对可以从其助理开始，不仅使学有所用，积累有所释放，而且可以借此打开晋升通道。用专业的眼光使各种文件完美呈现，校对的经历自然功不可没，更独具特色。

若有余力，可以在此基础上搞些文字研究，凭借校对的知识储备和独特的职业眼光，为语言文字的发展尽一份力量（外文校对也可为外文在我国的普及贡献力量），也是对自己的成长经历的一个总结、一个交代。狭义来讲，文字工作的对象是单纯的文字作品；广义而言，无论承载文字的介质如何变换，无论是纸张、图画还是音频、视频，只要有文字出现的地方，都可以成为文字工作者施展才华的舞台。文字工作虽侧重于文科，但作为校对的工作对象，其运用是广博而宽泛的，可以运用到各学科的方方面面，故文字工作者的工作影响深远，意义重大。

需要特别指出的是，字幕校对师或许将成为抢手的职业。影视作品作为文化传承媒介，自然少不了语言文字的加盟，既然有文字的出现，势必有纠错的必要，如此一来，校对便大有可为。影视中经常蹦出的错别字时常令方家学者错愕不已，也严重影响到受众的观感。这些经常出现在荧幕上的错别字、错误读音现象，不明所以者以为无错，因为和他们平时所写所读并无二致；但对通晓者、知情者来讲，无疑会贻笑大方，亦使作品逊色不少。有“语林啄木鸟”之称的《咬文嚼字》杂志，已经连续开展了多次屏幕纠错活动，影响甚广，不仅普及了丰富的语言文字运用知识，也在一定程度上说明当前荧屏、银幕用字的乱象。对于专职校对而言，这种乱象不失为一大契机：此等乱象一旦受到重视，校对便多出一块广阔的用武之地。

4.传道授业，做人民教师

我国有尊师重教的优良传统，教师这个职业也历来为世人所推崇。该职业与上述三类职业不同的是，它不纯粹是对自身掌握知识的运用，而是将所掌握的知识融会贯通后以各种形式传授给学生，为学生“传道授业解惑”。校对面对的稿件是多学科的，也是多方面的,这样的背景也是其他职业所不可比拟的。在课堂上,一名受学生欢迎的优秀教师绝对不局限于其所教学科的知识范畴,而应当是知识渊博、涉猎广泛的,这样才能旁征博引,左右逢源,令课堂内容更为丰赡和引人入胜,使学生喜闻乐见。一个优秀的校对是完全符合这方面要求的,无论是人文科学,抑或自然科学,优秀的校对都有着扎实的基本功,对某些知识点已经铭记于心,相关的知识储备也了然于胸,只需要将其遴选后厘出,通过学生易于接受的手段用之于教学,定会令课堂生彩。尤其重要的一点是,教辅在学生的学习生活中占有相当重要的地位,也是教师考查学生、帮助学生的重要介质,与此对应的是,对校对,尤其是从事过教辅类校对工作的专职校对而言,早已经驾轻就熟,实例、题目等更是信手拈来,无形之中,增加了教学的容量与讲解的分量。

校对转型成为教师,有其先天的优势:对语言文字把握准确,对国家标准理解到位,对相关知识早有涉及等。除此之外,校对具备的另一职业素养与教师也一脉相承。据笔者粗略统计,仅从去年的数据来看,单位内部的校对人员的工作量全部在 1100 万字以上(见习期校对人员除外),最高者达 1700 多万字,相当于每月完成 140 多万字,所以校对堪称世界上看汉字最多的人。而校对伏案久坐的工作特点和职业操守、职业坚持,与教师的职业诉求颇为暗合。这些优势并非针对职业变更而有意为之,而是其职业的相通性使校对具有其他职业不可及的独特性,这种独特性恰恰为教师这个职业进行了前期准备。传道、授业、解惑,教师的责任不可谓不大,对其要求也不可谓不高,而作为跨行业的校对,具有以上优势做铺垫,如果再从教学形式、学生心理、课堂技巧等方面系统提高,完成职业的蜕变就在情理之中。

5.告别校对，从头再来

考虑出路问题的一大原则，一般是“做熟不做生”，意思就是说，要找出路，最好从自己熟悉的方面入手，这样更容易取得成绩、获得成功，应尽量避免去触及完全陌生的领域。毕竟，在出版行业、在校对岗位已经积累了一定的经验，或多或少地领略了其内核性的真谛，重新做起来已经不需要面对太大的压力，步步为营式的累积，已经为与校对相关的职业铺就道路，只需要沿着这条路走下去，尽管道路依然漫长，但相对来说是一片坦途。下定决心挺进一个陌生的环境，去面对一个完全难以预知的结果，是需要极强的心理素质与抉择魄力的。破釜沉舟的结果，一种是背水一战，战果斐然；一种是玉石俱焚，全军覆没。故而在做出从头再来的决定的时候，还是要三思而后行。完全跳出一个固有的圈子，展现在眼前的可能是全新的陌生。但只要心中有梦，定位准确，对生活充满热情，也必将闯出一片真正属于自己的天地。

此外，作为图书校对也可以从事报纸、杂志的校对，严格意义上这不能称作出路，由于报刊的短周期与出版时效性所限，报刊校对可能比图书校对要承受更多的压力与挑战。这与其说是图书校对的出路，不如说是本职工作的平移——平移了环境，平移了对象，也平移了一定的视角。当前出版系统对图书的差错率要求在万分之一以下，这是有明文规定的，但对报纸和杂志的差错率要求较为宽松，一般的评判标准要求是，杂志在万分之三以下，报纸在万分之五以下。

虽然眼光有长远眼光和短浅眼光之分，出路也有短期出路和长期出路之别，但短期和长期不可机械界定，长和短都是相对而言的。上述的转型也好，平移也罢，都是从校对岗位上走出去的一种选择，选择并无优劣之分。任何一条出路都只是校对的一种选择，把校对作为终身的职业归宿也并无不可，可以精益求精，将一件事做到极致,白以坦先生就是所有校对的榜样。20 世纪五六十年代,负责《毛泽东选集》校对工作的白以坦先生曾因“百万无一失、万万无一失”赢得“校对王”的美誉。有多少校对人员一直做到退休,有多少校对人员退休后还被返聘做着校对或者与校对相关的兼职。无论是古人的一字千金[①],还是新书求错的一字千元[②],抑或故宫博物院的错别字风波[③],都无一例外地表明着文字的价值、易错性与校对的必要性。每一份正当的职业,只要持之以恒并处处留心,都是有出路、有前途的,校对亦是如此。即使你决心更换职业,彻底从原来的职业解放出来而另投他行,校对所带来的历练(如耐得住寂寞、保持足够的耐心和细心、具有高度的责任感、拥有丰富而多维度的知识体系等)也会对将来的职业产生积极的推动作用。

思路决定出路。出路有长有短、有宽有窄,无论如何,都要基于自身的实际情况,基于自身切实可行的理性思考。也就是说,考虑出路时应立足自身,正视现实,既不妄自尊大,也不妄自菲薄,既要从实际出发,也要多角度考量、权衡,否则不仅找不到出路,而且会因胡思乱想而使脚下的路变得坎坷丛生,更加难走。校对是务实的,对自身的思考同样也要脚踏实地,避免空想、假想。虽然校对受到重重限制,眼界难免狭窄,但有点想法,审视下自我,展望下未来总是难能可贵的。出路有无数条,但自己要走的和真正适合

① 《史记 · 吕不韦列传》载:“布咸阳市门,悬千金其上,延诸侯游士宾客有能增损一字者予千金。”

② 阎崇年在自己校注的《康熙顺天府志》推出之际,声称能从该书中找出一个差错,奖励千元,结果山西大学文学院副教授白平称其发现书中的错误高达 420 处,使阎深陷悬赏风波。

③ 2011 年 5 月,故宫博物院文物被盗,北京市公安局破案神速且将文物追回,为表谢忱,博物院特给市公安局赠锦旗一面,上书“撼祖国强盛　卫京都泰安”,其中的“撼”无疑为“捍”之误。此事引起轩然大波,当年作为新闻事件被广为报道。最终博物院方面以诚恳的致歉信向公众致歉,才平息此事。

自己的,往往只有一条。如果自己要走的和适合自己的是同一种选择,那么不仅身心愉悦,而且利于与成功结缘。而无论走的路是否适合自己,这段路都将是你前进的起点,是千金难买的宝贵财富,也是不可复制、独一无二的人生历程。

需要特别指出的是,不可将校对“爱较真”的职业习惯不加选择地带至生活中,比如直言不讳地指出别人的发音错误、字词错误等。

第六章　对校对的再思考与温情告白

第一节　关于校对的几个敏感问题的思考

校对面临的问题多种多样，仅仅需要纠正的差错即使多部专著也无法详尽，而前面章节的描述也只是对校对这一职业的有限的思考，谈不上深入，更谈不上专业。有一部分问题，尽管不属于校对的业务性问题，但的确与校对的关系十分密切，所以也有探讨的必要，可以说是对校对的延伸性再思考。以下的问题可能比较敏感，只作为个人之见，并无一定之规。

1.校对该不该编辑稿件？

校对编辑稿件属于近水楼台先得月的典型，是一种无痕而华美的转身，但毕竟职责有别。那么校对究竟该不该去编辑稿件呢？可以从以下几点来分析。

第一，校对与编辑是职业近亲，但属不同个体，职责已经划定，主攻方向更是有异，由校对去编辑稿件有逾界嫌疑，明显带有越组代庖的不良倾向。第二，校对的关注点与编辑有显著区分，这一点在前文已有详细叙述，若用校对的眼光来加工润色稿件，可能会出现偏差。校对对差错极为敏感,但对诸如政治性、思想性、导向性等内容性差错,却不如编辑把握得到位,甚至对此类差错有不同程度的盲点。造成这种结果,不是孰优孰劣的问题,而是岗位职责的倾向性和关注度问题,是无可厚非的。第三,若在单位内部接受编辑稿件,很难做到并行不悖,难免会与本职校对工作发生冲突,很可能造成顾此失彼的慌乱局面。

以上阐述的是校对编辑稿件的不利一面,但其有利一面也相当突出。

首先,校对编辑稿件,除了岗位近水楼台式的优势,其实是对校对自身的一种提升与发展。跳出校对相对狭隘的圈子,站在一个编辑的高度来实现全局统筹,是一次难得的历练,不仅对提升综合素质有利,而且对此后的发展也不无裨益。其次,通过整个的编辑流程,可以加深对编辑、校对两个岗位的理解,更全面地认识校对在整个工作流程中的价值和功用,从而更公允地、不带任何偏倚地看待编辑与校对这两个工作岗位。再次,编辑过程中,校对会切实体验到角色的转换,并在角色转换过程中真正领略到编校各自的甘苦,从而在今后的工作当中,更好地形成换位思考的理性思维。

综上所述,校对在履行本职工作时适当、适度、适时地编辑一些稿件也并无不可,只是要有所侧重,不可喧宾夺主,毕竟,校对的第一职责是纠错改谬,而不是编辑加工。

2.校对该不该核对教辅后面所附答案?

答案是部分教辅尤其是解析类教辅的必备要件,其正确性、严谨性、条理性等直接决定学生的认知度和接受度,有的学生会因有答案而喜欢一本教辅,也会因无答案而讨厌一本教辅。那么,有答案的教辅,校对究竟该不该逐个核对答案呢?要回答这个问题,首先要清楚答案的分类。答案的分类即答案的表现形式,答案可分作两类,第一类是仅有结果,第二类是有解析过程及结果。

第一类只有单独一个答案,至于答案是如何得来的,并没有任何说明,这在各科教辅中均比较常见。针对理科型教辅的答案,校对若一一进行核算、比对,那么一方面校对没有时间和精力来进行这样的工作,逐个核算不太现实;另一方面也有超范围司职之嫌。但若不计算或者不核对,又可能遗漏差错,那如何是好呢?这时校对人员可以采取折中的办法:要确保答案与题目的绝对对应性,如,结果是人数的,务必保证其不是钱数;结果是面积的,必须是多少平方米(平方分米、平方厘米等);结果是质量的,一定要为多少千克、克、毫克;等等。

只有单独一个答案的,要核对答案与题目的契合对应性;有解题过程的,要整体校对整个过程。这就是核对答案的总目标与总原则。如一个填空题的答案是选项 B,一个选择题答案却是“✓”等,是绝对不允许出现的,要对此零容忍、保持零留错率。这样一来,尽管校对没有一一计算,至少也保证了答案与题目的对应性,起到了校对应有的作用。据笔者调查,在河南省出版系统内部,绝大多数出版单位的校对是不用计算的。当然,低年级教辅,相对比较简单,可以适当进行计算。

第二类是针对题目的全面解析,这种类型的答案其实是对正文的有效阐释,校对务必要按步骤、按顺序进行核对,并且要留意其合理性与关联性,如分步骤解析,还要注意步骤间的连贯性。对于这类答案,校对不可回避,要和对待内文一样,逐个进行核实,并保障结果准确无误。

无论哪种类型的答案,都要保证其叙述过程中的用语规范,如字、词、标点、语法等的正确性,这是最起码的要求,也是校对过程中应该奉行的一以贯之的原则,在任何情况下,都不可懈怠。

3.如何看待编辑挑选校对来校自己的稿件?

由于各个校对人员的资历深浅不同,水平高低有异,视角也有差别,校对出来的质量也必有高下之分。编辑作为一部书稿的第一责任人,为保证质量而挑选资历较深、水平较高的校对人员来校对自己的稿件也是人之常情,并非不可理解。但据调查,大多数情况下,在编辑眼里所谓看得好的校对,不过是职责范围外管得多并在一定程度上管得好而已,也就是说,正是因为校对管了编辑该管的部分问题,才受到编辑的好评并入了编辑的法眼,若只论校对功夫,各个校对人员的差别是相当细微的。这种自私之举,一方面印证了帮人如帮己的哲理,另一方面也吹响了一种大趋势的前奏——项目负责制可能在不久的将来大范围实施。所谓项目负责制,就是由出版单位提供平台与相应的资金支持,由一个编辑或编辑部自选题策划至市场营销全程全权负责,自负盈亏。在这样的情形之下,相关责任人就会想尽一切办法将成本降至最低,而将质量提至最高。有这样的自主权后,编辑挑拣校对人员便合情合理合规了。

项目负责制实行后,这种挑选校对的现象可能会更加普遍,但若在实行该制度之前就经常有这样的举动,是否就过于偏激了呢?更有甚者,部分编辑完全避开校对,全盘自作主张,独断性暴露无遗。这样的做法虽在一定程度上让编辑取得了满意的校对结果,但弊端也相当明显。

第一,此举不利于形成合作局面。在出版单位内部,各个部门有效联动才可保证整个单位和谐、稳定、高效运转,这种不友好的或者说是无效的合作不仅对部门间的协作无益,而且挑拣校对也令校对室内部力量调配受到冲击,更让多数校对人员心潮难平,不利于形成一种积极向上的和谐氛围。换一种说法,就是这种做法对个别校对人员带有倾向性,相应地,对其他校对人员就存在明显的偏见，最终会给校对部门带来严重的负面影响。

第二，挑拣校对人员可以理解为有选择性地寻求校对的协助与合作，那么完全避开校对就有点无视甚至是蔑视校对的意味，专横色彩尽显。编辑可能出于避免引起校对人员情绪波动的考虑，索性便完全绕开校对，采取不合作策略，以一种强硬的高姿态示人，意思是可以自力更生，不需要校对部门的协助，我自己就可以搞定，有傲视群雄、唯我独尊的架式。这种类型的编辑可能自恃水平较高，有一定的影响力，否则校对部门外的力量也不会招之即来，但纵然如此，这样目中无人的姿态还是很伤感情的。

第三，挑拣或者绕开校对，可能埋下极大的质量隐患。首先，被挑选者受责任编辑之托，当然全力以赴，以回报编辑的信任与认可，但要明白的一点是，无论水平多高，也是校对内部的一分子，也有服从内部调遣的义务，若一味地接受挑拣，那么对其他编辑来说，就是一种极大的不公平。校对是公共资源，不是为某个人、某个编辑部门服务的，而是给全体编辑人员提供有价值的参考意见的。这些被选中的校对人员，已经将精力侧重于这些稿件上，对其他稿件的付出就可能相应减少，其他稿件难免会遗留一些本不该出现的问题。与此同时，这种做法会使校对部门内部弱者更弱，强者更强，产生马太效应。其次，完全避开校对部门而“另请高明”的编辑，他们找的所谓信得过的校对人员未必是专职校对人员，这些人员可能在其他部门任职，而久未从事专职校对工作，如果让他们来担当校次，就难免有漏错的风险。毕竟，即使水平再高，若久疏战阵，也可能荒废了专业领域的业务，而让其勉为其难地去做他不熟练的事情，自然不是轻车熟路，在不经意间就可能遗漏差错。目光不同，角度不同，结果自然不同。再次，即使其他部门的人完全可以胜任额外的校对工作，但其本职工作将不同程度地受到影响，而有的碍于情面，可能在超负荷的情况下将校对任务与手头工作同步进行，但不可否认，这是一种"一心二用"的不专注的工作状态，而"同时要抓两只兔子，最终可能一无所获"的道理，我们都是心知肚明的。

出于对整个出版单位的有效协作与运转考量，也许会有领导从中调停可能引发的争端，但相关责任人常常振振有词："稿件给××看不放心！""校对室看过的稿件保证不了质量！"他们也是一脸的无辜与无奈。换位思考的话，他们的话也可以理解。产生编辑挑拣校对或者完全绕开校对的局面，从一个侧面也反映出了校对内部的问题。如果校对人员个个可独当一面，个个实力超强，大概就不存在挑选的问题了。所以，校对人员要正视自己的不足，唯有让自身强大起来，才能有更大的话语权。

4.校对以做多久为宜？

这个问题要视入职者不同类型的追求而定，大致可分以下几种类型：

第一种类型——尝试探索型。刚毕业的学生处于茫然中，或者刚辞职者工作无着落，或者由于其他种种不同的原因选择了校对，这种类型的人，做校对的时间长短难以预测，也难以断定。刚毕业的学生可能因不适应而坚持不了几个月，也可能因喜欢文字工作而愿意长时间停留；刚辞职者可能因得到一份工作不容易而倍加珍惜，把兴趣与爱好放到次要位置，时间可能稍长，但也可能因种种不满浅尝辄止而再次跳槽。尝试探索型的人，时间或长或短，飘忽不定。不管他们如何抉择，都是人之常情，无可非议。

第二种类型——踏板过渡型。此种类型的人是抱着某种目的来做校对这项工作的，他们只是把校对当作跳板，为进入其他部门（比如编辑部门）做着铺垫与准备，他们可以称为职场的有心人，已经为自己规划好了下一步的职业选择，并步步为营地实施心中的规划。当然,这是值得赞许的做法。过渡期的时长视择业者的悟性和禀赋而定。一般来讲,领悟较快的,一两年足够,最多三年便可完成其跳跃前的基础工作,但若资质过差,就另当别论了。

第三种类型——迫不得已型。因缘际会,选择了校对,或出于无奈,或迫于压力,或是出于其他难言之隐,如此种种,不一而足。这种类型的人,事先对校对没有任何了解,也并非冲着了解校对来从事校对这个职业的。他们之中可能没有人会真正静下心来做个踏踏实实的校对员,多数会如朝露般一闪而逝,一有机会,他们便会头也不回地另觅前程,另攀高枝。

第四种类型——从一而终型。这种类型的人,不为外界所动,不为世俗所扰,把校对作为终身的职业追求。这种选择也理所应当地得到理解和支持,并且他们献身校对的这种精神,也令人肃然起敬。校对作为一个正规的职业,作为一个出版单位必不可少的岗位,离不开这样忠实的追随者,而校对行业的发展,亦需要一支稳定而高水准的校对团队。

从事校对的时限没有统一标准,不可一概而论,最终的选择,只能取决于自身属于哪一种类型了。

5.校对该不该计入绩效考核?

业界对该问题大致存在三种认识,即应计入绩效、不应计入绩效和补偿性计入绩效,那么究竟哪种认识才合情合理呢?

首先,从校对的功能来说。校对作为一个专业技术岗位,在出版单位内部一般情况下是无法绕开的角色,无论其重要性是否得到内部的认可,其功用还是无法替代和消除的。以一种常见的现象为例。花儿绽放,结成累累硕果,在这个漫长的过程中,园丁厥功至伟,因为他从播种到收获都在身体力行着自己的职责。但如果果园设有门卫的话,你能说守门的门卫无寸土之功吗?道理很浅显，若没有门卫把守，没有安全保障，花儿可能未含苞就已惨遭毒手了——或被践踏致死，或被拦腰斩断，或被连根拔起，或遭其他摧残而过早凋零。同样的道理，若没有校对把关，若没有校对付出的心血保证编校质量，什么码洋啊，绩效啊，利润啊等，都是无本之木、无源之水，只能是镜花水月、空中楼阁罢了。

其次，从机构的组成来说。一棵树，根、枝、叶齐全才是完整的树的形象，缺少任何一个部分都不能称其为树，若勉强称其为树，也是残缺不全的。同理，在出版单位内部，在完善的出版流程中，校对无论作为枝还是叶，都是这棵或大或小的树的有机组成部分，和其他部件一起，构成了功能齐备的一个整体。而出版单位取得的丰硕成果，自然应当各部门共享，而不单单由某个或者某些部门获益。机构的每个环节自有其独特功用，各自独立又相互协同，才使整个团队高效运作。一个人的实力再强，单打独斗也不可能完成出版这样繁杂的工程。独木不成森林，一砖不成大厦，越是激烈竞争的时代，团队协作就越发显得关键，而作为团队的一分子，享受共同奋斗带来的甜蜜成果，也完完全全是合情、合理、合规的。

再次，从工资的构成模式来说。一般情况下，涉及业务性的岗位都采用基本工资加提成的模式，而校对的薪金构成是基本工资加超校费，看上去无懈可击、无可挑剔，其实在这里我们犯了一个偷梁换柱的差错，误把超校费当作提成性的工资构成，这是相当不客观的。我们知道，所谓的超校费其实就是因超过工作量而多计发的工资部分，这不同于加班，不同于额外的补贴，单纯是一种多劳多得的表现而已，和提成甚至绩效是截然不同的概念。超校部分不过是校对完成工作量后的合理所得，只是运营成本里的一部分，根本不能算作绩效。绩效一般情况下是按总体利润核算得来的，是在原有工资基础上对利润进行的再分配。把整体绩效比作一个大蛋糕的话，校对无疑是应当拥有专属于自己的一份的。

6.没有出版专业中级职称的校对人员能否署责任校对?

实行资格国家准入一方面从一定角度保证了从业者的职业能力,另一方面也便于规范化地管理人才资源,建立人才信息库。从制度层面对人才进行考核,是非常有效且应当长期坚决贯彻的人才使用机制。但无法回避的问题是,有的人纵然没有取得相关证书,其业务能力也不见得不能胜任工作岗位,甚至有可能踏上工作岗位后,比有证书者做得更好;而有的人尽管证书成堆,荣誉等身,也未必就技高一筹。不可否认,有的单位在用人时片面强调证书,在同等条件下,有证书的人会在应聘时占据绝对优势。在当前严峻的形势下,有证书、有能力的人都难以就业,更何况那些有能力而无证书的人呢?从这个角度来说,那些有能力而无证书的人可能会被“合理地”忽略掉。在2016年的“两会”上,有代表提出取消职称评定中的外语等级证考试等限制性条件,可能即是意识到了证书并不一定代表能力这一因素,而纵然费尽心力取得外语证书,也可能对实际工作并无助益。但有反对者表示,获得证书也是学习能力的体现,那实在是令人无言以对了。没有进士这张通行证,无损于杜甫“诗圣”的伟名;三次科举落榜,也埋没不了李时珍这位药物学界奇才;没有举人这张名片,但蒲松龄有志怪小说闻名于世……功名与职称实属同源,给人带来了光环,也造成了束缚,而在新的历史时期,又何必一定要拘泥于一个证件呢?证书仅仅是一种符号、一种参考,而在某些行业却被当作圭臬、标准,实在失之偏颇。

既然证书不能与能力画等号,那么就不能拒绝没有取得出版中级职称但能力足以达到相应标准的校对来署责任校对。若是他的水平达到,并且有目共睹,仅因缺少一个证书就不让其署名,无疑是对其积极性的无情打击;反之,若给其充分的施展空间,让他放开手脚,信心满满地署上自己的名字,则是莫大的信任,而信任的力量加上满腔的自信,或许对业务是一次提升、一次飞跃,可能就会创造奇迹,铸就传奇,对自身则不啻一次破茧成蝶般的重生。

为解决有能力署名而无中级职称证书的校对的署名问题,业内一般采取联合署名的办法,即有职称者署于前,无职称者署于后,也就是说,在责任校对一栏会出现两个或者两个以上的名字。所以,有的时候有的人虽然署名在第一位,但他未必会看这部书稿,这就对有职称者造成一种潜在的威胁,作为第一责任人而没亲自校对过书稿,是一种冒险的做法,一旦发生质量问题,第一责任人必会首先遭到追责。对于有能力而未取得中级职称的校对,虽然署名在责任校对一栏,但长期屈居人后,也难免会滋生负面情绪,久而久之,对整体的校对质量将产生极为不利的影响。因此,对于有能力的人,规范应当变通,制度应当兼顾。

7.校对是否应当参加图书订货会、图书博览会等大型交流会?

持否定观点的人认为,校对的任务是发现差错、改正差错,只要保证校对质量就可以了,没必要参与其他活动,况且跑出去和业务提高关系不大,并且会耽误时间影响稿件进度。校对人员嘛,就是要伏案纠错保质量,哪有跑出去的道理?

这些人的看法好像有一定道理,既未脱离校对的本质又切中校对的核心功能,似乎无可厚非,但这种观点,无论其立场如何,终究是站不住脚的。

第一,校对的使命是纠错,这不容改变,但校对亦需要正常的眼界拓展。每年全国乃至全球的展览会、订货会、博览会上,有最新的也有最优秀的图书资源,是开阔眼界的绝佳机会,尽管提供给校对的与专业相关的信息可能有限,但多少会对校对工作产生良性影响,对校对人员有所启发,有所触动,一方面使校对人员为自身的付出产生荣誉感,另一方面也令自身面对浩瀚的各种资源产生渺小感,激励自己奋发有为。

第二,参加大型交流会可能是某些单位的福利性项目,校对作为出版单位的一分子,与参与绩效分红一样,自然有权利享受这份来之不易的红利。

第三,对长期伏案、较少或根本无外出机会的校对人员来说,这样的交流会是难得的调剂良机。海量的资源,各色的人流,全新的环境,都令相对有些闭目塞听的校对人员耳目一新。而短暂的调节也许会带来全新的感受,工作状态与工作热情也会随之高涨,业务能力便可能迈上新的台阶。

第四,参与交流会的开支数额并不庞大,一般的出版单位是完全有能力负担的,并且可能只是一笔较小的常规性费用支出,而对校对人员来讲,可能是铭记于心的崭新经历。出于人性的关怀和小付出大回报的考虑,校对人员也是应当适度地走出去的。

8.校对如何应对质量不高的稿件?

所谓质量不高的稿件,大致分作两类:一类是未达到“齐、清、定”要求的稿件,另一类是经过了三级审稿但加工粗糙的稿件。这样的稿件,令校对本就繁重的工作更加不堪重负,作为校对人员该如何应对呢?

首先,不可睚眦必报,针锋相对,你不仁我就不义的做法是对敌人而言的,对同一个战壕里的战友,切不可如此对待。在这样的情况下,不要受到稿件本身的影响,而是要从本职出发,做好分内之事,以纠错为重中之重,但由于稿件本身质量所限,校对可能就没有精力进行适当的润色了。

其次,将稿件情况记录存档,在校对工作记录卡上明确记下该稿件的情况,并且越详细越好;若有条件,可以设立专门场所保留校样。对于加工粗糙的稿件,校对人员必将付出超乎寻常的心血,纠错的痕迹也会更加明显,此份校样作为实物性资料,应当加以保留。无论电子稿件多么盛行,校对当前工作的平台还大多停留在纸质稿件上,而作为对校对人员工作的一种见证,校样一定程度上也有保留的必要。有人会认为保留校样有保留证据、划定责任的意图,其实这只是一个方面,如果仅仅因此而保留校样,就相当片面与狭隘了。保留校样更重要的一个意义是,当出现质量问题时,要用事实来确定究竟是哪一环节出了纰漏,从而找到问题症结所在,以采取有效措施完善质量保障体系,最终整体提升图书质量。

再次,校对部门应当形成完备的退稿制度。对未办理发稿手续或未达到“齐、清、定”要求的稿件,要坚决予以回绝,从而杜绝问题稿件流入校对,堵住问题源头;而对虽然发稿手续完备,但编辑加工不认真、留错过多的稿件,应当划定一条红线,如万分之十,超出万分之十就毫不犹豫地要求编辑退回重修。对这一规定执行时遇到的特殊情况应具体情况具体分析。比如,一部稿件,如果前半部分的差错率已经相当高,超过万分之十,那退回重修有理有据。如果前半部分或者说前三分之二左右质量都非常高,远在万分之十以下,而剩余部分差错非常集中,远远超过万分之十,在这个时候,如果要求编辑退修,那么该校次的工作将接近尾声却不得不中止;如果不退修,差错实在令人难以忍受。此时,应由编、校部门的负责人进行协商,提出合理的解决办法。

以上应对措施可视作校对在被动条件下的一种反作用力,这种反作用力力度要适可而止,我们要深谙过犹不及的道理。校对与编辑交流时,不仅要有理有据,而且要有节,节可以理解为礼节,也可以理解为节制,即限度。如果处理不当,也不排除引发编校冲突的可能,使出于善意的举动走向反面,将原本可控的事态复杂化、扩大化。

9.如何看待编校一体化?

顾名思义,编校一体化就是编辑与校对合而为一,一个人既是编辑又是校对,既做着编辑的活,也做着校对的活。职责的交叉,身份的重叠,直接促成一人分作二人用,使每个人都扮演着双重角色。对出版单位来讲,编校一体化可以压缩成本,减少开支,并且缩短出版周期等;对编校人员来讲,编校一体化会增加工作容量,拓展业务视角,综合型的角色得到确认,与复合型人才的诉求相吻合。

此种举措看起来一举两得,堪称两全其美,但实际的情况如何呢?

一个人无论是编辑还是校对,在进行角色转换时,都不可能转换得那么完美,也就是说,二者在各有侧重地工作时,不可能像专职的编辑或者校对一样,把握得精准到位,在处理稿件时,可能会存在这样那样的偏差。至于编辑与校对的区别,在前文已经详细列举,尽管二者属于"近亲",但也存在着诸多明显的区别。编辑、校对单从名称上来讲,就是完全独立的,作为两个不同的岗位,自然有各自独立存在的必要性。如此不加区分地混为一谈,显然过于随意。做一个类推的假设:会计与出纳,医生与护士,他们两两合二为一是否合适呢?

原来专职的两个岗位,因相互融合、互相渗透穿插而成为一个岗位,这一岗位对于原来的两个岗位来说,专业性必会大大削弱,专职校对沦为兼职编辑,专职编辑沦为兼职校对,都从专职转为兼职,实力自然下滑,对保证整体编校质量的作用十分有限,甚至会出现逆向结果,使专业岗渐渐变为业余岗,最终导致该专的未专,欲博的未博,白白损耗了时间和精力。虽然我们知道艺多不压身的道理,但也应明白隔行如隔山的含义,尽管编辑和校对属于同一行业,但至少说它们之间隔着一座小山,这座山在一定程度上还是不可逾越的。

从表面来看,出版单位通过编校一体化顺利地实现了控制出版周期,节约人力、物力、财力等目的,但从本质来讲,这是一种内耗式的自我削弱,是一种只顾眼前利益的短视行为,对单位的长远发展不利。编校一体,可能使品牌编辑因承担校对工作而丧失了品牌效应,使金牌校对因担负编辑工作而业务能力下降,对各自的发展也有不利的影响。社会分工越来越细,专业性越来越强,而编校一体化却反其道而行之,岂不有逆于大势,有悖于时代?

10.如何客观看待校对与质检?

在讨论这个问题之前,我们首先要站在公允的立场看待每个岗位,即不偏不倚,不先入为主,不戴有色眼镜去看待所有岗位。每个岗位都很重要,只是职责范围不同。

首先,从分工来说。校对的三个校次或多个校次稳步推进,力求在付印前最大限度纠正差错,将差错消灭在萌芽状态;而质检可分印前质检和印后质检两种形式,印前质检可以说是编校工作的有效延伸,而印后质检则是为重印、修订或者报送相关部门检查而进行的阶段性工作。

其次,从业务范围来说。校对的视角随着其功能的转换而不断扩大,尽管其身份依然是校对,但负责的范围单单从书稿的编校润色上讲,可能也不在编辑之下,纯粹的校异同的校对已经不复存在,承担校是非重任的校对,其业务领域得到了前所未有的扩充,其实编辑和校对在有的时候已经合而为一,很难厘清界限。而质检一般检查的是编校质量,是对编辑和校对工作的评判性检阅。不可否认的是:书稿经过三审三校之后,所留差错已然十分有限;校对的专业性是质检不可替代的,而质检也可能因检查的范围相对宽泛而淡化了编辑或者校对专属的职业视角。

最后,从与其他部门的合作来说。校对可以助编辑一臂之力,因为有校对的有效助推,整个出版物质量才更有保障,任何一个编辑,即使他对自己的书稿信心满满,也不敢夸下海口说自己的书稿不经校对就可以质量过关,就可以进厂付印。与之相应的是,书稿并非绝对要经过质检方可付印,只能说经过了质检质量可能会更进一步。

一般来说,校对是必需的,质检是必要的,二者都是图书质量保障体系中的一环,与编辑一道,通力协作,共同为图书质量保驾护航。

11.该不该把校对室按出版单位内部需求独立出来？ 该不该将校对部分解成若干部分?

在一些大型的出版单位,校对部门本身就是独立的,是以和其他编辑部同样级别的身份存在的。而在一些小型出版单位,校对室一般是总编室的附属部门,此时的校对室只是在业务上独立,而不是组织结构上的独立。就其业务的专业性和涵盖面来讲,将校对室完全独立也未尝不可,但独立出来与否要取决于出版单位内部的具体情况。如果一个出版单位编辑部众多,且出书品类丰富繁杂,是需要有一个相应的独立部门来与之接洽的,这样会在平等对话的基础上省去一些程序上的繁文缛节,使对接和合作都趋于高效。与此同时,校对的地位和收益也将因此得以提高,一定程度上可以摆脱校对说起来重要实际上却不受重视的尴尬处境。但如果出版单位规模较小,稿件数量有限,就不必另设部门,否则只会使机构臃肿、冗杂。

所谓将校对部分解为若干部分,即保持原有的校对人员构成不变,根据图书品种将校对划分为专属性的几个部分,如将校对部划分为教辅校对部、一般图书校对部、辞书校对部等等。这样做的优势很明显:

第一，校对部分成几个有机部分将会对出版单位的各个出书品种统筹兼顾，校对部内部也不再为赶教辅进度而顾此失彼。比如，在教辅季来临时，一般图书的校对几乎陷入停滞，这不仅会使一般图书的正常运行秩序被打乱，而且令相关的编辑人员对校对滋生不满甚至怨怼，从而不利于形成和谐的编校关系。而一旦有了教辅和一般图书的专属校对，这样的问题便不复存在，或者说将有较大缓解，各种图书同时推进，在时间上将得到一定保障。

第二，根据出书品种划分现有的校对力量，利于打造一支业务更精湛、更专业的校对团队。校对的专业性无可替代，而在此基础上再次缩小范围，将使专者更专、强者更强，促使校对在纠错时向纵深处挖掘，多发现隐秘性差错，无疑对保证图书质量极其有利。与之相应的是，校对自身的专业水准将因二次聚焦而大大提升。

第三，拆分后的校对部门是一种有序的化整为零，不仅使编校"专业对口"，利于形成一种稳固而切实有效的编校局面，而且在适当的时候依然可以"一专多能"。所谓一专多能，就是在分解后的校对部内部，除了承担分内的校对任务外，任务不紧张的校对部门在出版单位需要的时候要随时听从召唤，在不影响本职工作的前提下，对其他校对部门伸出援助之手。这种同志式的合作不会因构成不同而受到影响，反而因有了距离、有了雪中送炭的互助而更为融洽、和谐。

无论是独立还是拆分，都应当具备稿件数量、品种足够多，出版规模足够大，书稿的专业性要求足够高等前提条件。这两种举措其实对校对提出了更高的要求：拥有更为雄厚的实力，才能获得一定的地位，才会拥有相应的话语权；具备更加扎实的相关技能，才能满足稿件对校对更高、更专业的需求。

12.出版单位内部校对人员该不该校对单位外部稿件（即做外校）？

单位内部的校对人员指有合同约定的正式员工。原则上来讲，单位内部人员从事其他兼职有违反劳动纪律的嫌疑，它最大的弊端就是可能会影响本单位的正常校对工作，但我们也应当看到这种做法积极的一面。其一，做外校其实就是对其他单位的有效协助，可增进与兄弟单位间的友好往来，为将来互帮互助打下良好基础。其二，每个出版单位的出版范围不同，出书品种各异，在校对外部稿件时，可扩大知识面，进一步开阔视野。其三，可适当获取收益。

不过，我们应当时刻保持头脑清醒，始终要分清轻重主次。在做外校时，至少要满足两个前提条件：第一，绝不可影响本职工作；第二，能力、时间、精力都允许。

13.为什么优秀的校对越来越稀缺？

不少编辑都有同感，觉得优秀的校对似乎越来越少了。他们发现，不少校对人员校对的那个校次根本起不到应有的作用。那么，什么样的校对才堪称优秀的校对呢？

窃以为优秀校对至少应具备以下几点：第一，对差错极为敏感，且纠错能力超强；第二，对稿件整体把握面面俱到，对各种差错了然于胸；第三，知识面极宽，融多科知识于一身，可驾驭多种类型、多个层次的稿件；等等。总之，被称为优秀校对的人员，其综合素质必须较高。

优秀校对越来越少不仅仅是编辑的一种感觉，而且是一个不争的事实。出现这样的现象，大概有以下几个方面的原因：第一，校对从业者本来就不多，且水平参差不齐，优秀的校对往往会被编辑部“掐尖”而转行做了编辑；第二，社会环境使然，人心浮躁，再加上校对地位低、待遇差，留不住优秀人才，能够沉下心来的研究型校对、具有工匠心的校对自然少之又少；第三，出版单位由于经济指标所迫或急功近利，出版品种不断增加，出书周期不断缩短，任务量大，再优秀的校对也难以在质量、数量和时间上做到三重完美；第四，与部分编辑的期望值过高不无关系。

如前文所言，校对的现状不容乐观，但不可否认，优秀的校对也不乏其人，但其数量不多且正在不断减少，优秀校对已成为稀缺资源。物以稀为贵，普通的校对员欲提高身价，就要以高标准、严要求砥砺自己，从而为自身增值、为校对加码，成为编辑人员和出版单位均不可少也不能少的得力助手和专业人才。

14.如何正确看待校对工作太累、收入过低现象？

校对的巨大工作量是业界公认的，而收益偏低也是不争的事实。业界内部形成的固有模式和沿袭下来的拘泥思维，使校对的地位和收益都处于一个尴尬的位置，对此，校对从业者要有清醒和理智的认识，具体可从三个层面来看：

第一个层面：校对的工作性质自古皆然，面对的都是白纸黑字，尽管现在有电子屏幕等承载物的介入，但校对依然要逐字逐句进行纠错，也就是说，这种工作模式和工作方法是和这种职业相伴相生的，是与生俱来的，而所谓的方法都是熟能生巧的结果，并且与文字和承载物不可偏离。故此，要认识到校对本身的属性，坦然接受这样的事实：职业性质是无法更改的。只有意识到这一点，校对人员才能更为客观地面对校对这一职业，而苦中作乐，即在枯燥中找到乐趣就是最为理想的在职状态了。大环境使然，短期内现状可能不会有大的改观。

第二个层面：校对作为出版单位的基础岗位，无疑可以为个人将来的发展打下良好的基础。校对是基础岗，并不是说它简单，而是说只有做好了校对才可更好地胜任其他岗位。我们要坚信一个道理：只有打好基础，才能相机而动；只有做好准备，夯实根基，才能为将来的发展铺平道路。机会总是钟爱有准备的人。换一句话来讲，无论将来踏上哪个岗位，打好基础都是很有必要的，如果不将底子打牢，不在基础岗位上提升能力，那么不仅对自身是一种浪费，而且会使自己这种工作太累、收入过低的现象一直持续，改变变得遥遥无期。

第三个层面：所谓量变引起质变，当校对技能达到一定境界时，速度和质量自然会得到提升（当然需要用心），如此一来，校对工作便变得轻车熟路，即使在单价不变的情况下，也会在一定程度上保证收益无碍。意识到这一点的关键就是笃信付出总有回报，不计小得失，从而赢得大回馈。

15.校对会存在多久？

首先，我们要明白一个千古不变的真理，那就是但凡事物皆因需要而生。如果一个事物不被需要，它的生命将会走到尽头。对于人来说，他就可能被疏远，进而被弃而不用。校对是出版行业中的一个环节，只要出版业还存在，只要图书这种特殊的商品还在流通，校对便会永久存在。

其次，文化是需要传承的，只要文化延续，文字便会不间断地向四处传播，当然不排除文化断代的可能，但华夏文化上下五千年，文字从象形文字到楷书，几经变迁、更迭，至今仍以其旺盛的生命力广为传播着。无论光盘、U 盘、互联网等承载介质如何变化，无论 VR（虚拟现实）、AR（增强现实）、MR（混合现实）等技术如何更新，只要文字存在，校对便有其存在的根基与土壤，校对因文字而生，也因文字而兴，且会随着人类文明的进步而传之久远。

尽管校对有其存在的行业背景，也有其存在的牢固根基，但它也面临着挑战与危机。蒸汽时代、电气时代、信息时代,都是人类发展的阶段性表现,不可否认也不可回避,人类即将面临下一个时代——人工智能时代。2016 年 3 月,围棋界举行人机大战,AlphaGo(阿尔法围棋)与韩国著名棋手、围棋九段李世石对决,最终以机器获胜告终。这充分表明人工智能已经取得突破性进展,并且预示着一个新的时代即将到来。在人工智能时代,校对软件智能化水平将得到大幅提高,如果校对软件能将文字差错全部消灭,校对似乎就真的没有存在的必要了。

第二节　给校对从业人员的温情告白

从事校对十年多来,对校对这个职业建立了深厚的感情。这十年是形影不离的十年,也是日积月累的十年。基于十年的一些体会和感悟,笔者对从事校对职业的同仁有一些发自内心深处的告白。

1.心存敬畏,保持激情,积极面对工作、生活

无论何种文字,都是人类宝贵的精神财富。世界上有四大古老文字——中国的甲骨文、两河流域的楔形文字、埃及圣书体文字和古玛雅文字。由于种种历史因素,经过层层叠叠的大浪淘沙,唯有中国的甲骨文经过一系列演变,并沿用至今。可以说,当今世界上仍在使用的文字中,没有任何一种文字有汉字这么古老,也没有任何一种文字有汉字这么内涵丰盈。中华文字,形体多变,博大精深。横、竖、撇、捺、折的经典组合,象形、指事、会意、形声、转注、假

借的巧妙运用，铸成座座立体的、刚柔并济的框架，负载着无穷的信息量，传递着底蕴深厚的华夏文明，使中华文化得以薪火相传。从象形文字到甲骨文，到隶书、楷书，汉字经历了漫长而复杂的历史进程，而每个发展阶段、每一次变革都有无数名人、无名人士发挥了积极作用，汉字的每一次创新都凝聚了无数先哲的智慧劳动。仅此一点，就令我们晚生后辈肃然起敬。

单纯的文字就是一部恢宏的史诗，由文字连缀成的作品，就更为蔚为壮观了。诗歌也好，散文、小说也罢，都是文字经过智慧的加工后的排列组合，对如此丰富而富有智慧结晶的组合，应怀有敬畏之心。我们从事文字工作，差错千变万化，无论形式如何变化，作为文字本身都是无错的，只是用错了地方，用错了语境，故而我们纠错时更应始终带着深深的敬畏之心。

怀着这样的敬畏，我们就会谨慎地对待自己的工作，并珍惜这样的工作机会。能够与文字亲近，能够与人类的文化成果相伴，是何等的福分与幸运。积极的态度会令你保持激情，使生活富于情趣，积极的心态也会冲淡不时滋生的负面情绪。珍惜当下，热爱生活，恪尽职守，才是保有敬畏之心的应有要义。

2.常持危机意识，常怀感恩之心

所谓的危机来自行业危机、职业危机、自身发展危机等各个方面。传统出版行业正受到互联网出版、电子出版的强烈冲击，出版夕阳论的论调甚嚣尘上。如上文所言，人工智能将关系到校对这一专业岗位的生死存亡，而校对人员遇到职业瓶颈时对职业的再选择则造成了自身发展危机。我们为拥有这样一份职业而感激，为有这样的工作环境而感恩，当危机袭来时，保持镇定；当相对稳定时，不苟且于安逸。

有一段话说得好：日月有光热之恩，天地有覆载之恩，国家有水土之恩,父母有养育之恩,领导有栽培之恩,同志有关爱之恩,学会感恩、报恩就是有良心。所以说,懂得感恩,才会懂得报答;懂得报答,才会勇于担当。常怀感恩之心,会令我们在今后的人生旅途中播撒爱意,收获感动。

3.凭良心做事，勿转嫁责任

每一个校次都是智慧的凝聚,也都需要尽心尽力去完成。如果一校想着有二校拾漏,二校想着有终校把关,那么校对质量和自身能力是无论如何也得不到提升的。可以这么说,在校对的过程中,自己所校对的校样都会受到多重考量和监督,外在的有后面校次的人员、书稿编辑、相关部门质检,内在的即是自己的良心、自己对工作的责任感和忠诚度。懈怠即是对自身的放纵,而良知缺失极易导致对工作的敷衍塞责,在校次结束后,扪心自问,要真正做到无愧于心。

4.时刻关注健康，注意劳逸结合

有人做过一个形象的比喻:人的健康是 1,财富、名誉、地位等都是 0,所有的 0 都由于 1 的存在而显示出自己的价值,若 1 没有了,再多的 0 也会变得没有任何意义。这个比喻生动形象而又有深度地提示了健康的真义,也就是说,唯有健康才是人自身最宝贵的东西,其他的一切都是身外之物。健康包括身体的健康与心理的健康,有研究表明,人的寿命长短有 60%取决于后者,令人惊诧的同时也不得不有点认同这种观点。作息规律,合理饮食,适度运动,是保持身体健康的要诀;而心理平衡,心态良好,甘于平淡,知足常乐,是心理健康的关键。随着工作时间的推移与工作经验的积累,校对人员要探索出一套真正属于自己的健康宝典。有了健康的体魄与健康的心理,才能更好地投入到工作中去,若再辅之以行之有效的校对方法,定会令你如虎添翼,在校对的路途上越走越远,从而在校对专业领域赢得一席之地。

5.主动学习,及时充电,形成良好的职业习惯,保持知识常固常新

即使你掌握的知识再丰富,涉猎再广泛,也不可否认还有薄弱环节和盲点,而弥补这些不足唯一的途径就是不断充电,不断更新知识储备,以应对千变万化的新问题。当学习成为一种习惯时,知识的累积便成为自然而然的事,从而在潜移默化中,在不知不觉中,自身的知识王国便在头脑中悄悄构建,调配使用时,便能信手拈来、运用自如了。

6.站在一定高度,心存使命感、自豪感

从大道理上来说,校对人员从事文字工作,肩负着传承人类优秀文化成果的神圣使命;仅就本职工作而言,校对也为保障图书的整体质量做出了不可磨灭的贡献。在这样的岗位上,校对应集责任感、使命感、自豪感于一身,可以说是一个重要的角色。一个校对员虽然不起眼,不如某些职业那么光鲜,但都是自食其力的劳动者,千万不要妄自菲薄,人类社会中的每个正当职业都是值得尊敬的。同时,也不要因为能纠正几个差错就妄自尊大,要正视自己的缺陷,明晓自己的不足。唯有如此,才能摆正自己的位置,从而做好本职工作,谋求更好的发展。

7.简单的事情重复做、专注做,坚信功到自然成

校对的重复性劳动有目共睹,校对的枯燥性人所共知,正是这种日复一日的点滴积累,才造就了一位位优秀的校对员,浅尝辄止是无论如何也难有所作为的。这里所说的重复并非机械的重复,而是在日常的重复中去汇聚、积累一些琐碎的知识，而在合适的时机将其连贯起来，形成一条知识链，并且随着知识链的延伸，实力也在节节攀升。在一次成功学讲座上，讲师用一个小铁锤去敲击一个体积千倍于它、重达数百斤的大铁球。观众不明就里，觉得其中藏有玄机，便保持期待，安静以待。前几百次敲击声中，大铁球岿然不动，台下的观众开始骚动起来，有人出言不逊，有人愤然离席，而此时，讲师额头也渗出汗珠，而他仍然不厌其烦地连续敲击。经过大概40分钟的不间断敲击，大铁球居然有了小幅度的摆动。讲师无言，台下震惊。讲师用他看似无聊的举动生动地讲解了这样一个道理：简单的事情重复做、专注做，可能就会有意想不到的奇迹发生。

8.放开眼界，延伸触角，勿局限于本职工作

做好本职工作是对每个尽职尽责的人最起码的要求。校对的本职工作就是纠错，为编辑提供有价值的修正意见。尽管如此，若把眼光仅仅专注于此，就会故步自封，路也会越走越窄。故而需要每个校对从业人员在专注于本职工作的同时，要放开眼界，广泛涉猎，从短期来看需要辛苦付出比他人多几倍的努力，但从长远来看，这也是对自身的充电过程，定会为将来的自己加分。单从单位内部来说，要关注的环节就为数不少，值得学习的知识也涉及方方面面，推而广之，行业之外的学问更是穷其一生也难以掌握千万分之一的。只种好自己的一亩三分地，最多只收获一个温饱；开拓新的领地，你将收获富足和小康。一个仅仅将目光停留在校对环节的校对称不上一个好校对，或者说是一个不思进取的校对。若一个人不思进取，那么他就会失去前进的动力，最终会沦为碌碌之人。

9.虚怀若谷，永不止步

尽管校对重要，是保障质量的重要一环，但也要清醒地意识到：在整个出版产业里，在整个文化产业背景下，在人类社会发展的进程中，校对所起的作用无疑是微小的，是有限的。谦逊奋进，敞开胸怀，便会避免诸多纷扰，从而专注于工作，不虚耗于其他。晓海之博大，知己之渺小，在知识的海洋里，每个人只是微不足道的一滴水；在学问的天空里，每个人也只是其中的一粒尘埃。在人类探索自身和宇宙的进程中，只有驿站，并无终点。古希腊著名哲学家芝诺说过一句经典名言："人的知识就好比一个圆圈，圆圈里面是已知的，圆圈外面是未知的。你知道的越多，圆圈也就越大，你不知道的也就越多。"知识是无限且丰富的，需要每个校对人员不懈求索，永不止步。

附录

校对中容易出现差错的1000个词语

（据《编剧与剧本》的微信公众号刊文及积累资料加工整理而成，括号内为正）

001.余辉（余晖） 002.扬头（仰头）
003.散慢（散漫） 004.报筹（报酬）
005.暴炸（爆炸） 006.卑却（卑怯）
007.辩析（辨析） 008.恶耗（噩耗）
009.迟顿（迟钝） 010.喝采（喝彩）
011.翱游（遨游） 012.娘两（娘俩）
013.更叠（更迭） 014.恰商（洽商）
015.起迄（起讫） 016.沾辱（玷辱）
017.中裁（仲裁） 018.雕彻（雕砌）
019.陷井（陷阱） 020.劈谣（辟谣）
021.明片（名片） 022.梦靥（梦魇）
023.缈视（藐视） 024.募然（蓦然）
025.蓦捐（募捐） 026.通辑（通缉）
027.杂踏（杂沓） 028.奕棋（弈棋）
029.疏峻（疏浚） 030.吉详（吉祥）
031.肖象（肖像） 032.开消（开销）

033.撕杀(厮杀)
034.膺品(赝品)
035.贤慧(贤惠)
036.蒜苔(蒜薹)
037.躁热(燥热)
038.肿涨(肿胀)
039.羁靡(羁縻)
040.描模(描摹)
041.遨翔(翱翔)
042.坐阵(坐镇)
043.呕气(怄气)
044.亵赎(亵渎)
045.恢谐(诙谐)
046.渲泄(宣泄)
047.宣染(渲染)
048.延申(延伸)
049.奢縻(奢靡)
050.毗临(毗邻)
051.骠悍(剽悍)
052.永决(永诀)
053.欧打(殴打)
054.座落(坐落)
055.幅射(辐射)
056.拥带(拥戴)
057.煤碳(煤炭)
058.编篡(编纂)
059.蚂蜂(马蜂)
060.慰帖(熨帖)
061.蜇居(蛰居)
062.奈何桥(奈河桥)
063.显象管(显像管)
064.爆发户(暴发户)
065.造事者(肇事者)
066.柴禾(柴火)
067.座标系(坐标系)
068.照像(照相)
069.暖哄哄(暖烘烘)
070.名信片(明信片)
071.坐右铭(座右铭)
072.天然汽(天然气)
073.哈蜜瓜(哈密瓜)
074.引伸(引申)
075.雄纠纠(雄赳赳)
076.水笼头(水龙头)
077.裨官野史(稗官野史)
078.百练成钢(百炼成钢)
079.火山暴发(火山爆发)
080.和霭可亲(和蔼可亲)
081.爱不失手(爱不释手)
082.以张国法(以彰国法)
083.安份守己(安分守己)
084.重振旗鼓(重整旗鼓)
085.暗然泪下(黯然泪下)
086.黯无天日(暗无天日)
087.服服贴贴(服服帖帖)
088.飞扬拔扈(飞扬跋扈)

089.无凭无具(无凭无据)
090.白壁微瑕(白璧微瑕)
091.英雄倍出(英雄辈出)
092.半途而费(半途而废)
093.哀声叹气(唉声叹气)
094.山洪爆发(山洪暴发)
095.武装爆动(武装暴动)
096.五色斑澜(五色斑斓)
097.致于死地(置于死地)
098.百尺杆头(百尺竿头)
099.罢绌百家(罢黜百家)
100.百战不贻(百战不殆)
101.熟不知(孰不知)
102.迸然心动(怦然心动)
103.油汽田(油气田)
104.卯足干劲(铆足干劲)
105.奋辑者先(奋楫者先)
106.用户粘性(用户黏性)
107.刮蹭(剐蹭)
108.一支股票(一只股票)
109.凭心而论(平心而论)
110.可望不可及(可望不可即)
111.大有稗益(大有裨益)
112.原物必还(原物璧还)
113.森严壁磊(森严壁垒)
114.鞭辟入理(鞭辟入里)
115.能言善辨(能言善辩)
116.变本加利(变本加厉)
117.变换莫测(变幻莫测)
118.骠肥体壮(膘肥体壮)
119.标炳千古(彪炳千古)
120.别出心才(别出心裁)
121.兵慌马乱(兵荒马乱)
122.彬彬有理(彬彬有礼)
123.涣然一新(焕然一新)
124.摒气凝神(屏气凝神)
125.病入膏盲(病入膏肓)
126.并行不背(并行不悖)
127.拨乱返正(拨乱反正)
128.军事布署(军事部署)
129.人所不耻(人所不齿)
130.不共带天(不共戴天)
131.不寒而立(不寒而栗)
132.不惶顾及(不遑顾及)
133.不记其数(不计其数)
134.不接不离(不即不离)
135.有所做为(有所作为)
136.不卑不吭(不卑不亢)
137.不径而走(不胫而走)
138.继往不咎(既往不咎)
139.不堪之论(不刊之论)
140.不可思异(不可思议)
141.不明一文(不名一文)
142.不求深解(不求甚解)
143.宁死不曲(宁死不屈)
144.麻木不忍(麻木不仁)

145.不详之兆(不祥之兆)
146.步履维坚(步履维艰)
147.雄材大略(雄才大略)
148.材疏学浅(才疏学浅)
149.神采弈弈(神采奕奕)
150.竖立榜样(树立榜样)
151.兴高彩烈(兴高采烈)
152.张灯结采(张灯结彩)
153.惨绝人圜(惨绝人寰)
154.灿然一笑(粲然一笑)
155.苍海桑田(沧海桑田)
156.沧茫大海(苍茫大海)
157.藏诟纳污(藏垢纳污)
158.草管人命(草菅人命)
159.测隐之心(恻隐之心)
160.融为一炉(熔为一炉)
161.层见迭出(层见叠出)
162.巧夺天公(巧夺天工)
163.插科打浑(插科打诨)
164.蝉连冠军(蝉联冠军)
165.陈陈相应(陈陈相因)
166.陈词烂调(陈词滥调)
167.头脑发懵(头脑发蒙)
168.惩前毖后(惩前毖后)
169.惩一禁百(惩一儆百)
170.站稳脚根(站稳脚跟)
171.斥之以鼻(嗤之以鼻)
172.冲耳不闻(充耳不闻)
173.首当其充(首当其冲)
174.忧心冲冲(忧心忡忡)
175.山峦重迭(山峦重叠)
176.不偏不移(不偏不倚)
177.一愁莫展(一筹莫展)
178.出类拔粹(出类拔萃)
179.出奇不意(出其不意)
180.出奇致胜(出奇制胜)
181.出人投地(出人头地)
182.除旧补新(除旧布新)
183.处心集虑(处心积虑)
184.穿流不息(川流不息)
185.传颂一时(传诵一时)
186.吹毛求刺(吹毛求疵)
187.从常计议(从长计议)
188.穿越谜雾(穿越迷雾)
189.粗制烂造(粗制滥造)
190.措火积薪(厝火积薪)
191.错手不及(措手不及)
192.大才小用(大材小用)
193.大放獗词(大放厥词)
194.大声急呼(大声疾呼)
195.额首称庆(额手称庆)
196.虎视耽耽(虎视眈眈)
197.痛苦流涕(痛哭流涕)
198.汽车换档(汽车换挡)
199.得不尝失(得不偿失)
200.得垄望蜀(得陇望蜀)

201.地大物搏(地大物博)
202.掂斤拨两(掂斤播两)
203.草木雕零(草木凋零)
204.凋虫小技(雕虫小技)
205.调以轻心(掉以轻心)
206.吊虎离山(调虎离山)
207.叠挫强敌(迭挫强敌)
208.迭床架屋(叠床架屋)
209.层峦迭障(层峦叠嶂)
210.动则得咎(动辄得咎)
211.以毒功毒(以毒攻毒)
212.独挡一面(独当一面)
213.独劈蹊径(独辟蹊径)
214.独占鳌头(独占鳌头)
215.度过难关(渡过难关)
216.疾贤妒能(嫉贤妒能)
217.堵绝浪费(杜绝浪费)
218.断章取意(断章取义)
219.对征下药(对症下药)
220.两军对恃(两军对峙)
221.绌绌逼人(咄咄逼人)
222.恶灌满盈(恶贯满盈)
223.浮光耀金(浮光跃金)
224.震聋发聩(振聋发聩)
225.令人发直(令人发指)
226.要言不繁(要言不烦)
227.繁文溽节(繁文缛节)
228.易如翻掌(易如反掌)
229.防患未燃(防患未然)
230.飞声文坛(蜚声文坛)
231.成绩蜚然(成绩斐然)
232.缠绵悱测(缠绵悱恻)
233.枉自菲薄(妄自菲薄)
234.非夷所思(匪夷所思)
235.纲纪废驰(纲纪废弛)
236.费寝忘食(废寝忘食)
237.废尽心思(费尽心思)
238.分道扬标(分道扬镳)
239.分庭抗理(分庭抗礼)
240.纷至踏来(纷至沓来)
241.焚膏既晷(焚膏继晷)
242.愤闷不平(愤懑不平)
243.愤笔疾书(奋笔疾书)
244.丰功伟迹(丰功伟绩)
245.蜂涌而至(蜂拥而至)
246.凤冠霞披(凤冠霞帔)
247.幅圆辽阔(幅员辽阔)
248.浮光略影(浮光掠影)
249.斧底抽薪(釜底抽薪)
250.床第之欢(床笫之欢)
251.言简意该(言简意赅)
252.甘败下风(甘拜下风)
253.改斜归正(改邪归正)
254.甘之如怡(甘之如饴)
255.感恩带德(感恩戴德)
256.根深底固(根深蒂固)

257.工力悉抵(工力悉敌)
258.功亏一蒉(功亏一篑)
259.全神灌注(全神贯注)
260.鬼斧神功(鬼斧神工)
261.鬼域伎俩(鬼蜮伎俩)
262.过尤不及(过犹不及)
263.禁若寒蝉(噤若寒蝉)
264.含辛如苦(含辛茹苦)
265.汗流夹背(汗流浃背)
266.合盘托出(和盘托出)
267.合衷共济(和衷共济)
268.轰堂大笑(哄堂大笑)
269.后发治人(后发制人)
270.划地为牢(画地为牢)
271.回光反照(回光返照)
272.独具惠眼(独具慧眼)
273.昏馈无能(昏聩无能)
274.浑浑恶恶(浑浑噩噩)
275.浑玉朴金(浑玉璞金)
276.忽然开朗(豁然开朗)
277.祸国秧民(祸国殃民)
278.击浊扬清(激浊扬清)
279.积资盖房(集资盖房)
280.急言厉色(疾言厉色)
281.集液成裘(集腋成裘)
282.挤挤一堂(济济一堂)
283.计日成功(计日程功)
284.肆无忌殚(肆无忌惮)
285.既往开来(继往开来)
286.佳言懿行(嘉言懿行)
287.艰壁清野(坚壁清野)
288.艰不可摧(坚不可摧)
289.坚忍不拨(坚忍不拔)
290.历尽坚辛(历尽艰辛)
291.坚难困苦(艰难困苦)
292.矫糅造作(矫揉造作)
293.接长补短(截长补短)
294.可资借戒(可资借鉴)
295.弱不经风(弱不禁风)
296.金榜提名(金榜题名)
297.金壁辉煌(金碧辉煌)
298.外型美观(外形美观)
299.金钢钻头(金刚钻头)
300.决无仅有(绝无仅有)
301.挤身三强(跻身三强)
302.精兵减政(精兵简政)
303.精诚所致(精诚所至)
304.居心不测(居心叵测)
305.以警效尤(以儆效尤)
306.鸩形鹄面(鸠形鹄面)
307.举一返三(举一反三)
308.拒谏是非(拒谏饰非)
309.一应具全(一应俱全)
310.精神矍烁(精神矍铄)
311.赞不决口(赞不绝口)
312.峻工验收(竣工验收)

313.开诚不公(开诚布公)
314.开门缉盗(开门揖盗)
315.开天劈地(开天辟地)
316.开源截流(开源节流)
317.桥梁合拢(桥梁合龙)
318.勘平叛乱(戡平叛乱)
319.刻划人物(刻画人物)
320.科头洗足(科头跣足)
321.妇儒皆知(妇孺皆知)
322.刻己奉公(克己奉公)
323.刻勤刻俭(克勤克俭)
324.夸夸奇谈(夸夸其谈)
325.宽弘大量(宽宏大量)
326.困兽尤斗(困兽犹斗)
327.味同嚼腊(味同嚼蜡)
328.意兴阑姗(意兴阑珊)
329.无耻滥言(无耻谰言)
330.烂竽充数(滥竽充数)
331.宁缺毋烂(宁缺毋滥)
332.老陈持重(老成持重)
333.老奸巨滑(老奸巨猾)
334.其乐淘淘(其乐陶陶)
335.雷历风行(雷厉风行)
336.礼上往来(礼尚往来)
337.理曲词穷(理屈词穷)
338.立杆见影(立竿见影)
339.立功渎罪(立功赎罪)
340.厉精图治(励精图治)
341.励兵秣马(厉兵秣马)
342.励行节约(厉行节约)
343.厉厉在目(历历在目)
344.藕断丝联(藕断丝连)
345.连锁反映(连锁反应)
346.横征暴殓(横征暴敛)
347.廖若晨星(寥若晨星)
348.一麟半爪(一鳞半爪)
349.流览报纸(浏览报纸)
350.流恋忘返(流连忘返)
351.老态龙肿(老态龙钟)
352.炉火成青(炉火纯青)
353.暂露头角(崭露头角)
354.戳力同心(勠力同心)
355.旅力过人(膂力过人)
356.攻城掠地(攻城略地)
357.沦肌夹髓(沦肌浃髓)
358.无与论比(无与伦比)
359.轮功行赏(论功行赏)
360.漫条斯理(慢条斯理)
361.慢不经心(漫不经心)
362.茫无头序(茫无头绪)
363.毛骨耸然(毛骨悚然)
364.名列前矛(名列前茅)
365.貌和神离(貌合神离)
366.冒然从事(贸然从事)
367.无精打彩(无精打采)
368.门里出生(门里出身)

369.门廷若市(门庭若市)
370.蒙懂无知(懵懂无知)
371.靡烂不堪(糜烂不堪)
372.迷天大谎(弥天大谎)
373.欲盖弥章(欲盖弥彰)
374.望风披糜(望风披靡)
375.糜日不思(靡日不思)
376.糜糜之音(靡靡之音)
377.糜然从之(靡然从之)
378.密而不宣(秘而不宣)
379.祖传密方(祖传秘方)
380.沉缅往事(沉湎往事)
381.湎怀先烈(缅怀先烈)
382.面面具到(面面俱到)
383.虚无缥渺(虚无缥缈)
384.死不冥目(死不瞑目)
385.瞑思苦想(冥思苦想)
386.薄暮冥冥(薄暮暝暝)
387.深明大意(深明大义)
388.明查暗访(明察暗访)
389.名哲保身(明哲保身)
390.磨肩擦背(摩肩擦背)
391.磨崖石刻(摩崖石刻)
392.顶礼模拜(顶礼膜拜)
393.穷途没路(穷途末路)
394.烦燥不安(烦躁不安)
395.莫中一是(莫衷一是)
396.末齿不忘(没齿不忘)
397.谋取暴利(牟取暴利)
398.暮蔼沉沉(暮霭沉沉)
399.目不瑕接(目不暇接)
400.令人目炫(令人目眩)
501.水利发电(水力发电)
502.水泻不通(水泄不通)
503.烁石流金(铄石流金)
504.守株逮兔(守株待兔)
505.司空见贯(司空见惯)
506.死心踏地(死心塌地)
507.悚人听闻(耸人听闻)
508.追本朔源(追本溯源)
509.素昧平身(素昧平生)
510.随声附合(随声附和)
511.贪脏枉法(贪赃枉法)
512.谈笑风声(谈笑风生)
513.昙花一显(昙花一现)
514.坦胸露臂(袒胸露臂)
515.叹为观之(叹为观止)
516.长嘘短叹(长吁短叹)
517.富丽唐皇(富丽堂皇)
518.戮力同心(勠力同心)
519.誉写文章(誊写文章)
520.醍醐贯顶(醍醐灌顶)
521.提心掉胆(提心吊胆)
522.题纲挈领(提纲挈领)
523.天经地仪(天经地义)
524.天礼难容(天理难容)

525.撅嘴瞪眼(噘嘴瞪眼)
526.挺而走险(铤而走险)
527.通货膨涨(通货膨胀)
528.通情达礼(通情达理)
529.同等学历(同等学力)
530.异曲同功(异曲同工)
531.痛心嫉首(痛心疾首)
532.偷工简料(偷工减料)
533.投投是道(头头是道)
534.走头无路(走投无路)
535.图谋不规(图谋不轨)
536.图穷匕现(图穷匕见)
537.涂毒生灵(荼毒生灵)
538.生灵涂碳(生灵涂炭)
539.推陈相见(推诚相见)
540.推崇倍至(推崇备至)
541.推脱生病(推托生病)
542.推托责任(推脱责任)
543.推心至腹(推心置腹)
544.退化变质(蜕化变质)
545.屯积居奇(囤积居奇)
546.脱颖而出(脱颖而出)
547.歪风斜气(歪风邪气)
548.四马难追(驷马难追)
549.完壁归赵(完璧归赵)
550.玩世不公(玩世不恭)
551.万古常青(万古长青)
552.营城固守(婴城固守)
553.铜板油印(铜版油印)
554.万籁具寂(万籁俱寂)
555.妄费心机(枉费心机)
556.置若惘闻(置若罔闻)
557.忘恩负意(忘恩负义)
558.以逸代劳(以逸待劳)
559.痴心枉想(痴心妄想)
560.望而怯步(望而却步)
561.名门旺族(名门望族)
562.望洋心叹(望洋兴叹)
563.正襟威坐(正襟危坐)
564.危言悚听(危言耸听)
565.危如磊卵(危如累卵)
566.微言大意(微言大义)
567.为富不忍(为富不仁)
568.运筹惟幄(运筹帷幄)
569.委屈求全(委曲求全)
570.还过劲来(缓过劲来)
571.尾大不吊(尾大不掉)
572.火烧联营(火烧连营)
573.文恬武嘻(文恬武嬉)
574.闻过饰非(文过饰非)
575.有条不稳(有条不紊)
576.协从不问(胁从不问)
577.无人问斤(无人问津)
578.左右开工(左右开弓)
579.老奸巨滑(老奸巨猾)
580.坐地分脏(坐地分赃)

581.坐想其成(坐享其成)
582.坐以待毙(坐以待毙)
583.坐无虚席(座无虚席)
584.暴烈恣睢(暴戾恣睢)
585.自立更生(自力更生)
586.自名得意(自鸣得意)
587.自食其利(自食其力)
588.自名不凡(自命不凡)
589.纵横捭合(纵横捭阖)
590.卓智多谋(足智多谋)
591.伶牙利齿(伶牙俐齿)
592.谆谆告戒(谆谆告诫)
593.抓耳扰腮(抓耳挠腮)
594.钟灵玉秀(钟灵毓秀)
595.六根清静(六根清净)
596.终生大事(终身大事)
597.气极败坏(气急败坏)
598.寡不抵众(寡不敌众)
599.维妙维肖(惟妙惟肖)
600.口株笔伐(口诛笔伐)
601.乔妆打扮(乔装打扮)
602.珠连璧合(珠联璧合)
603.振济灾民(赈济灾民)
604.指手划脚(指手画脚)
605.经验老道(经验老到)
606.自出机抒(自出机杼)
607.知书达礼(知书达理)
608.直接了当(直截了当)
609.直言不晦(直言不讳)
610.执谜不悟(执迷不悟)
611.表本兼治(标本兼治)
612.治丝益纷(治丝益棼)
613.唇枪舌箭(唇枪舌剑)
614.至理明言(至理名言)
615.专心至志(专心致志)
616.轶序井然(秩序井然)
617.灸手可热(炙手可热)
618.中流抵柱(中流砥柱)
619.震震有词(振振有词)
620.震奋人心(振奋人心)
621.考查干部(考察干部)
622.远见灼识(远见卓识)
623.真知卓见(真知灼见)
624.真象大白(真相大白)
625.浅尝则止(浅尝辄止)
626.重重迭迭(重重叠叠)
627.作奸犯课(作奸犯科)
628.照本宣课(照本宣科)
629.照然若揭(昭然若揭)
630.招惹事非(招惹是非)
631.仗义输财(仗义疏财)
632.明火执杖(明火执仗)
633.张慌失措(张皇失措)
634.彰善惮恶(彰善瘅恶)
635.战战惊惊(战战兢兢)
636.竟走运动(竞走运动)

637.不能自己(不能自已)
638.占亲带故(沾亲带故)
639.令人乍舌(令人咋舌)
640.口干舌躁(口干舌燥)
641.不骄不燥(不骄不躁)
642.再接再励(再接再厉)
643.栽脏陷害(栽赃陷害)
644.古今杂揉(古今杂糅)
645.陨身不恤(殒身不恤)
646.纭纭众生(芸芸众生)
647.越组代疱(越俎代庖)
648.沿木求鱼(缘木求鱼)
649.笑迷迷(笑眯眯)
650.人才倍出(人才辈出)
651.语无论次(语无伦次)
652.坐收鱼利(坐收渔利)
653.余勇可沽(余勇可贾)
654.宥于成见(囿于成见)
655.估名钓誉(沽名钓誉)
656.有口皆杯(有口皆碑)
657.冒天下之大不讳(冒天下之大不韪)
658.怨天犹人(怨天尤人)
659.利害悠关(利害攸关)
660.犹柔寡断(优柔寡断)
661.义气用事(意气用事)
662.始作踊者(始作俑者)
663.涌跃报名(踊跃报名)
664.永往直前(勇往直前)
665.永保青春(永葆青春)
666.一涌而入(一拥而入)
667.拥塞不通(壅塞不通)
668.壅荣华贵(雍荣华贵)
669.甩门而去(摔门而去)
670.心心相应(心心相印)
671.影影约约(隐隐约约)
672.隐隐绰绰(影影绰绰)
673.引疚自责(引咎自责)
674.饮鸠止渴(饮鸩止渴)
675.绿草如荫(绿草如茵)
676.因地治宜(因地制宜)
677.因才施教(因材施教)
678.学习肆业(学习肄业)
679.义无返顾(义无反顾)
680.意正词严(义正词严)
681.义气风发(意气风发)
682.得鱼忘荃(得鱼忘筌)
683.受益非浅(受益匪浅)
684.词不达义(词不达意)
685.因噎费食(因噎废食)
686.依仗权势(倚仗权势)
687.以老卖老(倚老卖老)
688.遗笑大方(贻笑大方)
689.遗害无穷(贻害无穷)
690.以逸代劳(以逸待劳)
691.以一挡十(以一当十)
692.贻然自得(怡然自得)

693.毫无疑异(毫无疑义)
694.移花截木(移花接木)
695.不贻余力(不遗余力)
696.一视同人(一视同仁)
697.一如继往(一如既往)
698.一喏千金(一诺千金)
699.一劳永易(一劳永逸)
700.一脉相成(一脉相承)
701.一獗不振(一蹶不振)
702.一鼓做气(一鼓作气)
703.一盖而论(一概而论)
704.一促而就(一蹴而就)
705.法制社会(法治社会)
706.一笔钩销(一笔勾销)
707.钓消执照(吊销执照)
708.弃甲拽兵(弃甲曳兵)
709.跃武扬威(耀武扬威)
710.沓无音信(杳无音信)
711.指高气扬(趾高气扬)
712.扬扬洒洒(洋洋洒洒)
713.手急眼快(手疾眼快)
714.眼花撩乱(眼花缭乱)
715.演译推理(演绎推理)
716.延袭成规(沿袭成规)
717.严正申明(严正声明)
718.严阵以代(严阵以待)
719.严惩不待(严惩不贷)
720.言不由中(言不由衷)
721.和言悦色(和颜悦色)
722.淹没无闻(湮没无闻)
723.厌厌欲睡(恹恹欲睡)
724.殉情枉法(徇情枉法)
725.以身徇国(以身殉国)
726.央央大国(泱泱大国)
727.不作为训(不足为训)
728.雪中送碳(雪中送炭)
729.碳锅鱼(炭锅鱼)
730.喧然大波(轩然大波)
731.千头万序(千头万绪)
732.自我吹吁(自我吹嘘)
733.诩诩如生(栩栩如生)
734.大相径廷(大相径庭)
735.吁寒问暖(嘘寒问暖)
736.一泄千里(一泻千里)
737.沆泄一气(沆瀣一气)
738.心安礼得(心安理得)
739.喜上眉稍(喜上眉梢)
740.心旷神贻(心旷神怡)
741.心劳日绌(心劳日拙)
742.猩猩作态(惺惺作态)
743.凶相必露(凶相毕露)
744.热涨冷缩(热胀冷缩)
745.直抒胸意(直抒胸臆)
746.修养生息(休养生息)
747.修茸一新(修葺一新)
748.秀外惠中(秀外慧中)

749.扶老偕幼（扶老携幼）
750.白头携老（白头偕老）
751.一望无银（一望无垠）
752.不拘小结（不拘小节）
753.风雨萧萧（风雨潇潇）
754.积毁消骨（积毁销骨）
755.消遥法外（逍遥法外）
756.宵衣干食（宵衣旰食）
757.响彻云宵（响彻云霄）
758.降龙服虎（降龙伏虎）
759.安置若素（安之若素）
760.先理后兵（先礼后兵）
761.先发治人（先发制人）
762.下车一始（下车伊始）
763.闻名瑕迩（闻名遐迩）
764.相形见拙（相形见绌）
765.相辅相承（相辅相成）
766.丢人显眼（丢人现眼）
767.显身说法（现身说法）
768.关关睢鸠（关关雎鸠）
769.喜出往外（喜出望外）
770.畏崽不前（畏葸不前）
771.神智清醒（神志清醒）
772.一杯黄土（一抔黄土）
773.流言非语（流言蜚语）
774.物极必返（物极必反）
775.除恶勿尽（除恶务尽）
776.五体头地（五体投地）
777.五彩斑烂（五彩斑斓）
778.无泄可击（无懈可击）
779.无细可乘（无隙可乘）
780.无所是从（无所适从）
781.无所不致（无所不至）
782.无是生非（无事生非）
783.无尚光荣（无上光荣）
784.无艰不摧（无坚不摧）
785.无计于事（无济于事）
786.无计之谈（无稽之谈）
787.诛连无辜（株连无辜）
788.无耻之犹（无耻之尤）
789.翻来复去（翻来覆去）
790.沾花惹草（拈花惹草）
791.乌烟脏气（乌烟瘴气）
792.污合之众（乌合之众）
793.翁中捉鳖（瓮中捉鳖）
794.翁声翁气（瓮声瓮气）
795.招摇装骗（招摇撞骗）
796.胀红了脸（涨红了脸）
797.仗义直言（仗义执言）
798.头昏脑胀（头昏脑涨）
799.板上走丸（坂上走丸）
800.自曝自弃（自暴自弃）
801.民生凋蔽（民生凋敝）
802.投机捣把（投机倒把）
803.趁心如意（称心如意）
804.墨守陈规（墨守成规）

805.一张一驰(一张一弛)
806.莫可明状(莫可名状)
807.收关之作(收官之作)
808.循规导矩(循规蹈矩)
809.欢渡春节(欢度春节)
810.三翻五次(三番五次)
811.入不付出(入不敷出)
812.英雄气慨(英雄气概)
813.陪着笑脸(赔着笑脸)
814.发扬广大(发扬光大)
815.性格粗旷(性格粗犷)
816.行踪鬼秘(行踪诡秘)
817.阴谋鬼计(阴谋诡计)
818.精神焕散(精神涣散)
819.模范事绩(模范事迹)
820.情不自尽(情不自禁)
821.前踞后恭(前倨后恭)
822.龙盘虎据(龙盘虎踞)
823.棵粒归仓(颗粒归仓)
824.远方亲戚(远房亲戚)
825.身体赢弱(身体羸弱)
826.大多类同(大多雷同)
827.风声鹤戾(风声鹤唳)
828.火中取粟(火中取栗)
829.粮食欠收(粮食歉收)
830.晓勇善战(骁勇善战)
831.史无前列(史无前例)
832.风糜一时(风靡一时)
833.个中三味(个中三昧)
834.沤心沥血(呕心沥血)
835.前扑后继(前仆后继)
836.星罗旗布(星罗棋布)
837.沽恶不悛(怙恶不悛)
838.杀费苦心(煞费苦心)
839.鬼鬼崇崇(鬼鬼祟祟)
840.按步就班(按部就班)
841.偃苗助长(揠苗助长)
842.记忆尤新(记忆犹新)
843.向偶而泣(向隅而泣)
844.大伤原气(大伤元气)
845.改弦更章(改弦更张)
846.丰富多采(丰富多彩)
847.渊远流长(源远流长)
848.众目睽睽(众目睽睽)
849.洗耳躬听(洗耳恭听)
850.听信馋言(听信谗言)
851.万相更新(万象更新)
852.毋用讳言(毋庸讳言)
853.支无其词(支吾其词)
854.切搓琢磨(切磋琢磨)
855.无忘之灾(无妄之灾)
856.不既不离(不即不离)
857.不醒人事(不省人事)
858.不言而语(不言而喻)
859.不另赐教(不吝赐教)
860.苹水相逢(萍水相逢)

861.老声常谈(老生常谈)
862.尽心极力(尽心竭力)
863.各行其事(各行其是)
864.奴颜卑膝(奴颜婢膝)
865.投鼠计器(投鼠忌器)
866.形影相掉(形影相吊)
867.淄铢必较(锱铢必较)
868.含蓄蕴籍(含蓄蕴藉)
869.萎糜不振(萎靡不振)
870.声名雀起(声名鹊起)
871.人情事故(人情世故)
872.按装电话(安装电话)
873.一幅对联(一副对联)
874.天翻地复(天翻地覆)
875.举场振惊(举场震惊)
876.悬梁刺骨(悬梁刺股)
877.食不裹腹(食不果腹)
878.震憾人心(震撼人心)
879.风声水起(风生水起)
880.娇揉造作(矫揉造作)
881.直冲宵汉(直冲霄汉)
882.凌霄宝殿(灵霄宝殿)
883.不落巢臼(不落窠臼)
884.烩炙人口(脍炙人口)
885.死皮癞脸(死皮赖脸)
886.兰天白云(蓝天白云)
887.顶力相助(鼎力相助)
888.黄梁美梦(黄粱美梦)
889.美仑美奂(美轮美奂)
890.蛛丝蚂迹(蛛丝马迹)
891.一窃不通(一窍不通)
892.佳宾满座(嘉宾满座)
893.以偏盖全(以偏概全)
894.有持无恐(有恃无恐)
895.九洲方圆(九州方圆)
896.布署已定(部署已定)
897.愤发图强(奋发图强)
898.残无人道(惨无人道)
899.鞠躬尽粹(鞠躬尽瘁)
900.暗然销魂(黯然销魂)
901.惮精竭虑(殚精竭虑)
902.皎皎者(佼佼者)
903.辨证法(辩证法)
904.财物科(财务科)
905.付食品(副食品)
906.文诌诌(文绉绉)
907.综合症(综合征)
908.血脉贲张(血脉偾张)
909.羽扇伦巾(羽扇纶巾)
910.沾污清白(玷污清白)
911.轩辕皇帝(轩辕黄帝)
912.如火如茶(如火如荼)
913.横度长江(横渡长江)
914.坠落腐化(堕落腐化)
915.明辩是非(明辨是非)
916.磕磕拌拌(磕磕绊绊)

917.脉博微弱（脉搏微弱）
918.曲高合寡（曲高和寡）
919.揭杆而起（揭竿而起）
920.浪废金钱（浪费金钱）
921.官运享通（官运亨通）
922.声音宏亮（声音洪亮）
923.云岗石窟（云冈石窟）
924.郑重其是（郑重其事）
925.尚待商确（尚待商榷）
926.无礼漫骂（无礼谩骂）
927.公诸丁众（公之丁众）
928.违反法律（违犯法律）
929.观磨教学（观摩教学）
930.金殴无缺（金瓯无缺）
931.临摩书法（临摹书法）
932.生死由命（生死有命）
933.如法泡制（如法炮制）
934.少纵即逝（稍纵即逝）
935.箴口不言（缄口不言）
936.批沙拣金（披沙拣金）
937.风尘扑扑（风尘仆仆）
938.时过景迁（时过境迁）
939.精精业业（兢兢业业）
940.绿树成阴（绿树成荫）
941.学识休养（学识修养）
942.犄角之势（掎角之势）
943.循序前进（循序渐进）
944.安兵不动（按兵不动）
945.挑肥捡瘦（挑肥拣瘦）
946.故作恣态（故作姿态）
947.洁白无暇（洁白无瑕）
948.懵头转向（蒙头转向）
949.肺腹之言（肺腑之言）
950.如梗在喉（如鲠在喉）
951.睡眼朦胧（睡眼蒙眬）
952.愤世疾俗（愤世嫉俗）
953.浮想连翩（浮想联翩）
954.留芳百世（流芳百世）
955.棉里藏针（绵里藏针）
956.名珠暗投（明珠暗投）
957.厉害关系（利害关系）
958.神州飞船（神舟飞船）
959.五州四海（五洲四海）
960.各书己见（各抒己见）
961.众口烁金（众口铄金）
962.括不知耻（恬不知耻）
963.暴舔天物（暴殄天物）
964.按途索骥（按图索骥）
965.应接不遐（应接不暇）
966.循章摘句（寻章摘句）
967.桀傲不驯（桀骜不驯）
968.察颜观色（察言观色）
969.万马齐暗（万马齐喑）
970.编缉校对（编辑校对）
971.闲情逸志（闲情逸致）
972.室内装璜（室内装潢）

973.几度寒喧(几度寒暄)
974.一见衷情(一见钟情)
975.揣揣不安(惴惴不安)
976.摇摇欲堕(摇摇欲坠)
977.虚座以待(虚左以待)
978.原形必露(原形毕露)
979.远大报负(远大抱负)
980.蓄意抱复(蓄意报复)
981.投桃抱李(投桃报李)
982.以德抱怨(以德报怨)
983.报怨不已(抱怨不已)
984.深受蒙敝(深受蒙蔽)
985.蔽帚自珍(敝帚自珍)
986.擎画未来(擘画未来)
987.艰苦倍尝(艰苦备尝)
988.良晨美景(良辰美景)
989.璀灿夺目(璀璨夺目)
990.神彩飞扬(神采飞扬)
991.风彩动人(风采动人)
992.保护国萃(保护国粹)
993.带罪立功(戴罪立功)
994.连篇累椟(连篇累牍)
995.买牍还珠(买椟还珠)
996.穷兵渎武(穷兵黩武)
997.老实本份(老实本分)
998.份内之事(分内之事)
999.反工重来(返工重来)
1000.麻将胡了(麻将和了)

中国 100 个最难读的地名

（选自《人民日报》）

1.浙江丽水的“丽”，不读 lì，读 lí。

2.浙江台州、天台的“台”，不读 tái，读 tāi。

3.浙江嵊州的“嵊”，读音为 shèng。

4.浙江鄞州区的“鄞”，读音为 yín，不读 jǐn。

5.浙江乐清的“乐”，读音为 yuè，不读 lè。

6.浙江诸暨的“暨”，读音为 jì。

7.安徽歙县的“歙”，多音字，这里读音为 shè，不读 xī。

8.安徽六安的“六”，读 lù，不读 liù。江苏六合的“六”也读 lù。方言字音的残存，江淮方言“六”“陆”同音，是古语，从这里可知为什么“六”字的大写是“陆”。

9.安徽亳州的“亳”，读音为 bó，不读 háo。

10.安徽枞阳的“枞”，多音字，读音为 zōng，不读 cōng。枞（cōng）即冷杉，火柴杆大多用它做原料。

11.安徽黟县的“黟”，读音为 yī。黄山古称黟山。

12.安徽濉溪的“濉”，读音为 suī。

13.安徽的“蚌埠”读音为 bèng bù，不读 bàng fù。

14.安徽砀山的“砀”，读 dàng，不读 yáng 或 dāng。

15.江苏的“盱眙”不能根据字读半边的原则来读为 yú tái，正确的读音为 xū yí。盱眙龙虾让人们知道了盱眙。

16.江苏邗江，扬州古称邗沟，邗江现为扬州市的一个区。邗，读音为 hán。

17.江苏邳州的“邳”，读音为 pī。

18.江苏甪直、浙江甪堰，甪，读音为 lù。

19.江苏氾水中“氾”字的音、义皆同“泛”，读 fàn。注意：河南有条氾水，“氾”读音为 sì。

20.江苏睢宁的“睢”，读音为 suī。

21.江苏栟茶的“栟”，读 bēn；栟榈即为棕树，栟榈的“栟”读 bīng。

22.江苏浒墅关的“浒”，读音为 xǔ，不读 hǔ。

23.上海莘庄的“莘”，读音为 xīn，不读 shēn。而山东莘县的“莘”，应读 shēn，不读 xīn。莘莘学子中的“莘”读 shēn。

24.福建长汀的“汀”，读 tīng，不读 dīng。

25.黑龙江穆棱的“棱”，多音字，这里应读 líng，不读 léng。

26.吉林珲春的“珲”，应读 hún。

27.吉林桦甸的“桦”，应读 huà。

28.辽宁阜新的“阜”，应读 fù，易误读为 bù 或者 fǔ。

29.辽宁桓仁的“桓”，不读 héng，应读 huán。如齐桓(huán)公。

30.辽宁岫岩的“岫”，读 xiù。著名的北方玉都，产岫玉。

31.内蒙古巴彦淖尔的“彦”应读 yàn；“淖”应读 nào，不读 lào。汪曾祺有小说《大淖记事》。

32.内蒙古磴口县的“磴”，读音为 dèng。

33.天津蓟县的“蓟”，读音为 jì，蓟为一种草本植物。

34.河北蔚县的“蔚”,多音字,这里应读 yù,不读 wèi。新疆尉犁,应读 yù lí。

35.河北井陉的“陉”,应读 xíng,不读 jìng。

36.河北蠡县的“蠡”,应读 lǐ,不读 lí。春秋时有范蠡;今陕西礼泉,古为醴泉,也读 lǐ。

37.河北藁城的“藁”,读 gǎo。

38.河北涿州的“涿”,读为 zhuō。涿州和涿鹿,均在河北。

39.河北乐亭的“乐”,读 lào。唐山当地的发音。李大钊的故乡。但山东乐陵的“乐”读 lè。

40.河北大城的“大”,读 dài,不读 dà。

41.河北冉庄的“冉”,读 rǎn。

42.河北邯郸的“邯”,读 hán。

43.山西隰县的“隰”,读为 xí。隰指地势低洼而潮湿的处所。

44.山西洪洞的“洞”,读为 tóng,不读 dòng。传统京剧《苏三起解》中有一段闻名的唱段:“苏三离了洪洞县……”

45.山西临汾、汾水、汾酒的“汾”,统读 fén,不读 fēn 或者 fěn。

46.山西解池的“解”,读 xiè。

47.山西忻州的“忻”,读 xīn。

48.山东莒县的“莒”,读音为 jǔ,不读 lǚ。

49.山东茌平的“茌”,读音为 chí。

50.山东临沂的“沂”,读音为 yí。江苏新沂、沂蒙山、沂水的“沂”,也读 yí。山东省南部有临沂,北部有临邑,容易混淆,山东人多称北临邑南临沂。

51.山东临朐的“朐”,读音为 qú。

52.山东郯城的“郯”,读音为 tán。

53.山东无棣的“棣”,读音为 dì。

54.山东兖州的“兖”,读音为 yǎn,不读 yǔn。

55.山东淄博的“淄”,读音为 zī。淄河,在山东境内。

56.山东东阿的“阿”,读音为 ē。

57.山东曲阜正确的读音为 qū fù。曲阜得名于地形。《尔雅·释地》云:“高平曰陆,大陆曰阜。”东汉应劭注:“鲁城中有阜,委曲长七八里,故曰曲阜。”今之曲阜城东,还残存有一条委曲长八九华里的大阜,即土山。

58.山东单县的“单”与姓氏单同音,读 shàn,不能念 dān。

59.山东鄄城的“鄄”,读音为 juàn,不读 yān。

60.山东芝罘的“罘”,读音为 fú。

61.江西铅山的“铅”,读为 yán,不读 qiān。地名专用字音。

62.江西婺源的“婺”,读音为 wù。

63.江西弋阳的“弋”,读音为 yì。

64.湖南耒阳的“耒”,读为 lěi。

65.湖南郴州的“郴”,读为 chēn。

66.湖南汨罗的“汨”,读 mì。

67.湖南芷江的“芷”,读 zhǐ。

68.“陂”是个多音字,有三个读音:bēi、pí 以及 pō。湖北黄陂的“陂”应读为 pí。

69.湖北郧县的“郧”,读为 yún。

70.湖北秭归的“秭”,读为 zǐ。

71.湖北监利的“监”,读为 jiàn,不读 jiān。

72.湖北猇亭的“猇”,读为 xiāo。

73.湖北蕲春的“蕲”,读为 qí。

74.河南浚县的“浚”,多音字,这里应读 xùn,不读 jùn。念 jùn 的时候主要表示疏通、挖深的意思,做动词;在地名中念作 xùn。

75.河南柘城的“柘”,读为 zhè。

76.河南武陟的“陟”,读为 zhì,陟是登高、晋升的意思。

77.河南泌阳的“泌”,读为 bì,不读 mì。

78.河南渑池的“渑”,读 miǎn;古水名渑水的“渑”则读 shéng。

79.河南荥阳的“荥”,读为 xíng,不读 yíng。而四川荥经的“荥”,读音为 yíng,不读 xíng。

80.河南长垣的“垣”,读为 yuán。

81.河南中牟的“牟”,读为 mù,不读 móu。

82.广东东莞的“莞”,读音为 guǎn。

83.“番”字有两个读音:fān 以及 pān。番禺应读为 pān yú。

84.湖南筻口的“筻”,应读 gàng。

85.海南儋州的“儋”,读 dān,不读 zhān 或 shàn。

86.四川郫县的“郫”,读音为 pí。

87.四川珙县的“珙”,读音为 gǒng。

88.四川犍为的“犍”,读音为 qián,不读 jiān;犍牛的“犍”读 jiān。

89.四川邛崃读音为 qióng lái。

90.四川筠连的“筠”,读音为 jūn,不读 yún。

91.四川阆中的“阆”,读 làng。

92.重庆涪陵的“涪”,读音为 fú,涪陵榨菜让涪陵出了名。

93.重庆綦江的“綦”,读音为 qí。

94.重庆北碚的“碚”,读音为 bèi。

95.云南勐海的“勐”,读音为 měng。

96.陕西栎阳的“栎”,读音为 yuè,不读 lè。

97.陕西柞水的“柞”,读音为 zhà。

98.陕西吴堡的“堡”,读 bǔ。

99.新疆巴音郭楞的“楞”,应读 léng,不读 lèng。

100.湖南枨冲的“枨”,应读 chéng。

图书编校质量差错判定细则计错表

（本表由河南省新闻出版广电局质检中心根据《图书质量管理规定》中的《图书编校质量差错率计算方法》的相关规定和国家新闻出版广电总局业务培训时讨论商定的计错标准整合而成，基本涵盖图书编校差错的方方面面，具有一定的权威性、对应性、参考性和可操作性）

类别	序号	内容	计算方法
A 类：知识性错误	A1	一般政治性差错	每处计 2 个差错
	A2	时间年代（年号）差错	每处计 2 个差错
	A3	取材不真实、不合规律、知识陈旧过时	每处计 2 个差错
	A4	人名、地名、文本名、机构名等专名与事实不符	每处计 2 个差错
	A5	引用标准、法律、法规文件有误	每处计 2 个差错
	A6	概念、定义不明确、有歧义	每处计 2 个差错
B 类	B	语法、逻辑性错误	每处计 2 个差错
C 类：正文中的文字差错	C1	一般性错字、别字（含一面内文字连续错）	每处计 1 个差错，同一文字错每面计 1 处差错，全书最多计 4 处

（续表）

类别	序号	内容	计算方法
C类：正文中的文字差错	C2	一般性多字、漏字（含一面内文字连续多、漏字）	每处计1个差错；每处多、漏2~5个字，计2个差错；5个字以上计4个差错
	C3	前后颠倒字，可以用一个校对符号改正的	每处计1个差错
	C4	简化字、繁体字混用	每处计0.5个差错，同一差错每面计1处差错，全书最多计3处
	C5	字母大小写、正斜体、黑白体误用，不同文种字母混用，字母与其他符号混用	每处计0.5个差错，同一差错全书最多计3处
	C6	外文拼写差错，国际音标（包括重音符号）差错，少数民族文字差错	以一个单词为单位计错，每处计1个差错，同一差错每面计1处差错，全书最多计4处
	C7	汉语拼音（包括声调）不符合《汉语拼音方案》和GB/T16159—2012《汉语拼音正词法基本规则》规定的	以一个对应的汉字或词组为单位计错，每处计1个差错，同一差错每面计1处差错，全书最多计4处

（续表）

类别	序号	内容	计算方法
C类：正文中的文字差错	C8	汉语拼音未按分词连写规则拼写的［根据识字需要（如小学生和幼儿汉语识字读物），可按字注音，不计错］	每处计0.1个差错，同一差错全书最多计3处
	C9	汉语拼音未按人名和地名拼写规则拼写的	每处计0.1个差错，同一差错全书最多计3处
	C10	少儿读物“儿化音”未加标注而产生歧义的	每处计1个差错，同一差错全书最多计3处
D类：专有名称、名词术语使用差错	D1	科技术语不符合全国科学技术名词审定委员会公布的规范名词	每处计1个差错，同一差错每面计1处差错，全书最多计3处
	D2	专业字母词、非通用字母词在文中首次出现能译成中文的未括注中文术语	每处计0.5个差错
	D3	人名、地名、机构名、作品名等专有名词中的错误	每处计1个差错，同一差错每面计1处差错，全书最多计3处
	D4	外文人名、地名、机构名、作品名等专有名词译成中文，与原文不符	每处计1个差错，同一差错全书最多计3处
	D5	外文人名、地名、机构名、作品名等专有名词译成中文，未按有关规范使用但不影响理解的	每处计0.5个差错，同一差错全书最多计3处

（续表）

类别	序号	内容	计算方法
D 类：专有名称、名词术语使用差错	D6	字母词和外国人名、地名、国名、机构名、作品名等专有名词大小写、正斜体不规范	每处计 0.5 个差错，同一差错全书最多计 3 处
E 类：标点符号使用差错	E1	标点符号的一般错用、漏用、多用（成组符号按组计）	每处计 0.1 个差错
	E2	小数点与中圆点互混	每处计 0.1 个差错
	E3	冒号与比例号互混	每处计 0.1 个差错
	E4	专名线、着重号错位、多、漏	每处计 0.1 个差错
	E5	浪纹线、破折号、一字线、短横线混用	每处计 0.1 个差错
	E6	标点符号误在行首	每处计 0.1 个差错
F 类：行文前后不一致	F1	上下文对应关系显示内容缺失或重复的	有一项计 2 个差错
	F2	引述文内内容的页码、章节号、位置、序号不正确	有一项计 1 个差错
	F3	相同内容（名称、符号）前后不一致	有一项计 1 个差错
	F4	译文与原文不符	每处计 0.5~2 个差错
	F5	相关文字用法全书不一致	有一项计 0.1 个差错，同一差错全书最多计 3 处

（续表）

类别	序号	内容	计算方法
F 类：行文前后不一致	F6	外文字母大小写、正斜体、黑白体不一致	有一项计 0.5 个差错，同一差错全书最多计 3 处
	F7	体例不一致，影响阅读的	每处计 1 个差错，全书最多计 3 处
	F8	体例不一致，不影响内容理解的	每处计 0.1 个差错，全书最多计 3 处
G 类：量和单位、科技符号和数字用法使用差错	G1	量的名称使用差错，单位的中文名称和中文符号使用差错	每处计 1 个差错，同一差错每面计 1 处差错，全书最多计 3 处
	G2	量的符号、单位的国际符号使用差错，国际单位制词头使用差错	每处计 0.5 个差错，同一差错每面计 1 处差错，全书最多计 3 处
	G3	量值的表达差错	每处计 1 个差错
	G4	数值（量值）范围表示不当	每处计 0.1 个差错，同类差错全书最多计 3 处
	G5	科技符号、乐谱符号书写或使用差错	每处计 0.5 个差错，同一差错每面计 1 处差错，全书最多计 3 处
	G6	量和单位、科技符号的表达形式局部不一致	有一项计 0.5 个差错

（续表）

类别	序号	内容	计算方法
G类：量和单位、科技符号和数字用法使用差错	G7	数理公式、化学式编排不规范	每处计0.1个差错，同类差错全书最多计3处
	G8	应用阿拉伯数字形式的用了汉字数字形式，应用汉字数字形式的用了阿拉伯数字形式	每处计0.1个差错，同类差错全书最多计10处
	G9	阿拉伯数字和汉字数字组合使用错误	每处计0.1个差错，同类差错全书最多计10处
	G10	日期、时间书写错误	每处计0.1个差错，同类差错全书最多计10处
	G11	同类别的数字表达形式不一致	每处计0.1个差错，同一差错全书最多计10处
	G12	概数使用错误	每处计0.1个差错，同类差错全书最多计10处
H类：计算、解题错误	H1	数学运算、公式推导、解题过程错误	每处计2个差错，1处差错引出连续多处差错，最多计2处
	H2	题目中有科学性、知识性错误	每处计2个差错
	H3	题文不符	影响做题的，每处计2个差错；不影响做题的，每处计1个差错

（续表）

类别	序号	内容	计算方法
H类:计算、解题错误	H4	题目表述有误,影响做题	每处计2个差错
	H5	题目答案错误	每处计2个差错
	H6	教学参考书的题目与配套教材明显不匹配	每处计2个差错
	H7	数理公式、化学式字符差错,不影响推导、计算结果的	以一个式子为单位计1个差错
I类:插图、表格差错	I1	图、表的内容与说明文字不符	每处计2个差错
	I2	图、表中的科学性错误(含数据计算错)	每处计2个差错(数据计算错,1处差错引出多处差错,最多计2处)
	I3	正文中引用图、表时未指明图序、表序	每处计1个差错
	I4	正文中排有图、表,应在正文提及却没有提及	每处计1个差错
	I5	图序、图题、表序、表题与正文不一致	有一项计1个差错
	I6	图、表中的文字、数值、符号与正文主体文字相应表述不一致	有一项计1个差错
	I7	正文文字叙述中有的字符在图、表中却没有	有一项计1个差错
	I8	图、表中应标明单位却未标明的	每处计1个差错
	I9	图、表中用特定单位表示的量的数值,未用量和单位的比值形式的	每处计0.5个差错,同一差错每幅图或每个表计1处差错,全书最多计3处

（续表）

类别	序号	内容	计算方法
I类：插图、表格差错	I10	表头名称与内容不符，表头缺失	每处计1个差错
	I11	图、表中外文字母的大小写、正斜体、黑白体与正文不一致	有一项计0.5个差错，同一差错全书最多计3处
	I12	图、表位置错	每处计1个差错
	I13	图序、表序等标注差错	每处计0.1个差错，全书超过3处计1个差错
J类：辅文差错	J1	封一、书脊、扉页、版权页等处的各项相关文字记录不一致	有1项计1个差错
	J2	前言、内容简介与目录或正文不一致	每处计1个差错
	J3	封一、扉页上的文字差错	每处计2个差错
	J4	辅文（除封一、扉页）上的文字差错	同正文文字差错计算方法
	J5	书眉差错	每处计1个差错，同一差错全书最多计2处
	J6	书眉单双页位置互错	每处计0.1个差错，同类差错全书最多计10处
	J7	编委会名单排序有误	每处计1个差错
	J8	CIP内容或格式错误	内容错误每处计1个差错，格式错误计0.1个差错
	J9	正文注码与注文内容不符，有注码而无注文，有注文而无注码	每处计2个差错

（续表）

类别	序号	内容	计算方法
J 类：辅文差错	J10	正文注码位置标错	每处计 1 个差错
	J11	正文注码与注文注码排序差错或遗漏	每处计 0.1 个差错
	J12	参考文献内容差错或著录不符合 GB/T7714—2015《信息与文献　参考文献著录规则》	内容错误每处计 1 个差错，格式错误计 0.1 个差错
	J13	索引或词汇表排序有误、词条重复，索引词条与正文不一致，索引页码错	每处计 1 个差错
K 类：格式、版式差错	K1	影响文意、不合版式要求的另页、另面、另段、另行、接排、空行，需要空行、空格而未空的	每处计 0.1 个差错
	K2	字体错、字号错或字体、字号同时错	每处计 0.1 个差错，同一差错每面计 1 处差错，全书最多计 10 处
	K3	同一面上几个同级标题的位置、转行格式不统一且影响理解的，需要空格而未空格的	每处计 0.1 个差错
	K4	外文转行差错（外文缩写词拆开转行、外文单词未按音节转行），一组阿拉伯数字拆开转行	每处计 0.1 个差错
	K5	外文复合词、外文单词按音节转行，漏排连接号的	每处计 0.1 个差错；同样差错在每面超过 3 个，计 3 处差错，全书最多计 10 处
	K6	页码、标题、公式等序号标注差错	每处计 0.1 个差错，全书最多计 10 处

后　记

十多年的图书校对生涯,使我深深体会到知识之广博和工作之艰辛。校对貌似简单,做好太难。在这样一个多多少少有点浮躁的时代,校对员要耐得住寂寞,稳得住心神,守得住自我,的的确确是难能可贵的,广大校对员和其他劳动者一样,都是可敬可佩之人。

从事校对工作伊始,我就慢慢养成了积累的习惯,在点滴积累中不断充实着前行。从字词标点到语法逻辑,从字体字号到版式体例,从教材教辅到小说辞书,都留下了我校对的痕迹,而在与种种差错的对抗中,我也度过了宝贵的十多年的流金岁月。在平均每年 1600 多万字的历练下,在对各科知识都有所涉猎的环境中,我对知识的点滴积累从未间断。当积累到一定程度时,我就自然而然萌生一种创作的冲动。在偶成几篇论文之后,顿觉几篇文章不足以表达日常所思、闲暇所想,创作的欲望更是与日俱增,似乎有一种难以遏制的暗流在心头涌动、激荡,令我不吐不快。于是在勾勒出大致框架之后,我利用业余碎片时间,经过近两年的归整、梳理,使本书终得完稿并付梓面世。这是十多年校对工作的见证,也是苦乐交融的结晶。

纵观当今市面上有关图书校对的著作,均是以规范、标准、对错误的例析等内容为主体，罕有系统介绍校对职业概况的，而本书以职业发展规律为线贯穿，以适当的实例点缀列举，大致呈现了校对职业的诸多特点，应当可以作为一般的普及型大众读物，为专职校对人员提供一些有价值的参考，从而使广大同人更加理解校对、热爱校对，并理智制定职业规划；同时，使其他读者更客观、公允地了解校对工作，理解校对的付出，对校对这个职业有一个相对全面或全新的认识。

这份阶段性总结，既离不开同事间的互帮互助，也离不开领导的悉心提点，而单位这个温馨的大环境，也为本书的顺利出版提供了必不可少的优越条件。同样地，本书的编辑、校对、排版制作等人员，也付出了宝贵的心血。借此机会，一并聊表谢忱：

感谢多年来和谐共处的同事！

感谢一直以来关爱栽培我的领导！

感谢为此书付出劳动的相关人员！

感谢所有默默关注、默默支持我的人！

校对是一门学问，而每一门学问穷尽一生也难以彻底悟透，拙作中不足之处自然在所难免，欢迎广大读者、方家批评指正！

李培勇

于2017年国庆前夕